POËMES

ET DISCOURS EN VERS,

DE

VOLTAIRE.

Y

POËMES

ET DISCOURS EN VERS,

DE

VOLTAIRE.

IMPRIMERIE DE MAME, FRÈRES.

PARIS,

GIDE FILS, LIBRAIRE, RUE COLBERT, N° 4.

H. NICOLLE, RUE DE SEINE, N° 12.

1813.

AVERTISSEMENT
SUR CETTE ÉDITION. [1]

CETTE nouvelle édition en trois volumes, des Poésies de Voltaire, est augmentée de plus de cinquante pièces, dont quelques-unes étaient inédites, et dont quelques autres étaient disséminées dans une foule de recueils oubliés. Nous en avons aussi tiré plusieurs des lettres au roi de Prusse, de celles de madame Du Deffant, de la Correspondance de Grimm, et d'un Manuscrit inédit de Voltaire qui est entre nos mains.

Cependant, lorsque des pièces inédites, ou déjà publiées dans des recueils sous le nom de Voltaire, nous ont paru faibles ou douteuses, elles n'ont pas été admises dans cette édition. De même nous avons cru devoir n'y point insérer une ode que Voltaire composa au collége

---

[1] Les pièces inédites ajoutées à cette édition ont été placées à la fin de chaque volume.

de Louis-le-Grand, et qui n'a d'autre mérite que d'être son premier ouvrage. On peut la voir dans le recueil C, imprimé en 1759, p. 203. Nous avons aussi rejeté une pièce intitulée LE BANQUET, qui se trouve à la fin du poëme de LA LIGUE; un conte ayant pour titre : APOTHÉOSE DU ROI PÉTAUT, publié dans LA PUCELLE, édition de 1775, p. 269, et un grand nombre d'autres pièces insignifiantes attribuées à Voltaire, mais qui ne méritent pas d'occuper une place dans ses œuvres. [1]

---

[1] Nous avons cependant laissé dans cette édition la pièce intitulée *la Mule du Pape*, quoique généralement en la croie de Grécourt. Voy. le Mercure du 2 fév. 1793, n°. 33.

POËMES

ET DISCOURS

EN VERS.

DISCOURS

EN VERS

SUR L'HOMME.

———

Les trois premiers sont de l'année 1734. Les quatre derniers sont de l'année 1737. Tous sont purgés des fautes qui fourmillent dans les autres éditions.

Le premier prouve l'égalité des conditions, c'est-à-dire, qu'il y a dans chaque profession une mesure de biens et de maux qui les rend toutes égales.

Le second, que l'homme est libre, et qu'ainsi c'est à lui à faire son bonheur.

Le troisième, que le plus grand obstacle au bonheur est l'envie.

Le quatrième, que, pour être heureux, il faut être modéré en tout.

Le cinquième, que le plaisir vient de Dieu.

Le sixième, que le bonheur parfait ne peut être le partage de l'homme en ce monde, et que l'homme n'a point à se plaindre de son état.

Le septième, que la vertu consiste à faire du bien à ses semblables, et non pas dans de vaines pratiques de mortification.

PREMIER DISCOURS.

DE L'ÉGALITÉ
DES CONDITIONS.

Tu vois, sage Ariston, d'un œil d'indifférence
La grandeur tyrannique et la fière opulence ;
Tes yeux d'un faux éclat ne sont point abusés.
Ce monde est un grand bal, où des fous déguisés
Sous les risibles noms d'Éminence et d'Altesse
Pensent enfler leur être et hausser leur bassesse.
En vain des vanités l'appareil nous surprend :
Les mortels sont égaux ; leur masque est différent.
Nos cinq sens imparfaits, donnés par la nature,
De nos biens, de nos maux sont la seule mesure.
Les rois en ont-ils six ? et leur âme et leur corps
Sont-ils d'une autre espèce ? ont-ils d'autres ressorts ?
C'est du même limon que tous ont pris naissance ;
Dans la même faiblesse ils traînent leur enfance :
Et le riche et le pauvre, et le faible et le fort,
Vont tous également des douleurs à la mort.

Hé quoi ! me dira-t-on, quelle erreur est la vôtre !
N'est-il aucun état plus fortuné qu'un autre ?
Le ciel a-t-il rangé les mortels au niveau ?
La femme d'un commis courbé sur son bureau
Vaut-elle une princesse auprès du trône assise ?
N'est-il pas plus plaisant pour tout homme d'église
D'orner son front tondu d'un chapeau rouge ou vert
Que d'aller, d'un vil froc obscurément couvert,

Recevoir à genoux, après *laude* ou *matine*,
De son prieur cloîtré vingt coups de discipline?
Sous un triple mortier n'est-on pas plus heureux
Qu'un clerc enseveli dans un greffe poudreux?
Non; Dieu serait injuste, et la sage nature
Dans ses dons partagés garde plus de mesure.
Pense-t-on qu'ici-bas son aveugle faveur
Au char de la fortune attache le bonheur?
Un jeune colonel a souvent l'impudence
De passer en plaisirs un maréchal de France.
Être heureux comme un roi, dit le peuple hébété:
Hélas! pour le bonheur que fait la majesté?
En vain sur ses grandeurs un monarque s'appuie:
Il gémit quelquefois, et bien souvent s'ennuie.
Son favori sur moi jetté à peine un coup-d'œil.
Animal composé de bassesse et d'orgueil,
Accablé de dégoûts en inspirant l'envie,
Tour à tour on t'encense, et l'on te calomnie.
Parle, qu'as-tu gagné dans la chambre du roi?
Un peu plus de flatteurs et d'ennemis que moi.

Sur les énormes tours de notre observatoire,
Un jour, en consultant leur céleste grimoire,
Des enfants d'Uranie un essaim curieux,
D'un tube de cent pieds braqué contre les cieux,
Observait les secrets du monde planétaire.
Un rustre s'écria : Ces sorciers ont beau faire,
Les astres sont pour nous aussi-bien que pour eux.
On en peut dire autant du secret d'être heureux.
Le simple, l'ignorant, pourvu d'un instinct sage,
En est tout aussi près, au fond de son village,
Que le fat important qui pense le tenir,
Et le triste savant qui croit le définir.

On dit qu'avant la boîte apportée à Pandore,
Nous étions tous égaux; nous le sommes encore.
Avoir les mêmes droits à la félicité,
C'est pour nous la parfaite et seule égalité.
Vois-tu dans ces vallons ces esclaves champêtres
Qui creusent ces rochers, qui vont fendre ces hêtres,
Qui détournent ces eaux, qui, la bêche à la main,
Fertilisent la terre en déchirant son sein ?
Ils ne sont point formés sur le brillant modèle
De ces pasteurs galants qu'a chantés Fontenelle.
Ce n'est point Timarette et le tendre Tircis,
De roses couronnés, sous des myrtes assis,
Entrelaçant leurs noms sur l'écorce des chênes,
Vantant avec esprit leurs plaisirs et leurs peines:
C'est Pierrot, c'est Colin, dont le bras vigoureux
Soulève un char tremblant dans un fossé bourbeux.
Perrette, au point du jour, est aux champs la première.
Je les vois haletants et couverts de poussière,
Braver, dans ces travaux chaque jour répétés,
Et le froid des hivers, et le feu des étés.
Ils chantent cependant; leur voix fausse et rustique
Gaiment de Pellegrin détonne un vieux cantique.
La paix, le doux sommeil, la force, la santé,
Sont le fruit de leur peine et de leur pauvreté.
Si Colin voit Paris, ce fracas de merveilles,
Sans rien dire à son cœur, assourdit ses oreilles:
Il ne désire point ces plaisirs turbulents;
Il ne les conçoit pas; il regrette ses champs;
Dans ces champs fortunés l'amour même l'appelle:
Et tandis que Damis, courant de belle en belle,
Sous des lambris dorés et vernis par Martin,
Des intrigues du temps composant son destin,

Dupé par sa maîtresse, et haï par sa femme,
Prodigue à vingt beautés ses chansons et sa flamme,
Quitte Églé qui l'aimait pour Cloris qui le fuit,
Et prend pour volupté le scandale et le bruit;
Colin, plus vigoureux, et pourtant plus fidèle,
Revole vers Lisette en la saison nouvelle.
Il vient, après trois mois de regrets et d'ennui,
Lui présenter des dons aussi simples que lui.
Il n'a point à donner ces riches bagatelles
Qu'Hébert vend à crédit pour tromper tant de belles:
Sans tous ces riens brillants il peut toucher un cœur;
Il n'en a pas besoin : c'est le fard du bonheur.

    L'aigle fier et rapide, aux ailes étendues,
Suit l'objet de sa flamme élancé dans les nues.
Dans l'ombre des vallons le taureau bondissant
Cherche en paix sa génisse, et plaît en mugissant.
Au retour du printemps, la douce philomèle
Attendrit par ses chants sa compagne fidèle;
Et, du sein des buissons, le moucheron léger
Se mêle en bourdonnant aux insectes de l'air.
De son être content, qui d'entre eux s'inquiète
S'il est quelque autre espèce ou plus ou moins parfaite?
Et qu'importe à mon sort, à mes plaisirs présents,
Qu'il soit d'autres heureux, qu'il soit des biens plus grands?

    Mais quoi! cet indigent, ce mortel famélique,
Cet objet dégoûtant de la pitié publique,
D'un cadavre vivant traînant le reste affreux,
Respirant pour souffrir, est-il un homme heureux?
Non, sans doute; et Thamas qu'un esclave détrône,
Ce visir déposé, ce grand qu'on emprisonne,
Ont-ils des jours sereins quand ils sont dans les fers?
Tout état a ses maux, tout homme a ses revers.

Moins hardi dans la paix, plus actif dans la guerre,
Charle aurait sous ses lois retenu l'Angleterre ;
Dufréni, moins prodigue, et docile au bon sens,
N'eût point dans la misère avili ses talents.
Tout est égal enfin : la cour a ses fatigues ;
L'Église a ses combats ; la guerre a ses intrigues ;
Le mérite modeste est souvent obscurci ;
Le malheur est partout, mais le bonheur aussi.
Ce n'est point la grandeur, ce n'est point la bassesse,
Le bien, la pauvreté, l'âge mûr, la jeunesse,
Qui fait, ou l'infortune, ou la félicité.
    Jadis le pauvre Irus, honteux et rebuté,
Contemplant de Crésus l'orgueilleuse opulence,
Murmurait hautement contre la Providence.
Que d'honneurs ! disait-il, que d'éclats ! que de bien !
Que Crésus est heureux ! il a tout, et moi rien.
Comme il disait ces mots, une armée en furie
Attaque en son palais le tyran de Carie.
De ses vils courtisans il est abandonné ;
Il fuit, on le poursuit ; il est pris, enchaîné ;
On pille ses trésors, on ravit ses maîtresses.
Il pleure ; il aperçoit, au fort de ses détresses,
Irus, le pauvre Irus, qui parmi tant d'horreurs,
Sans songer aux vaincus, boit avec les vainqueurs.
O Jupiter ! dit-il, ô sort inexorable !
Irus est trop heureux, je suis seul misérable.
Ils se trompaient tous deux, et nous nous trompons tous.
Ah ! du destin d'autrui ne soyons point jaloux.
Gardons-nous de l'éclat qu'un faux dehors imprime.
Tous les cœurs sont cachés, tout homme est un abîme.
La joie est passagère, et le rire est trompeur.
Hélas ! où donc chercher, où trouver le bonheur ?

En tous lieux, en tout temps, dans toute la nature,
Nulle part tout entier, partout avec mesure,
Et partout passager, hors dans son seul auteur.
Il est semblable au feu dont la douce chaleur
Dans chaque autre élément en secret s'insinue,
Descend dans les rochers, s'élève dans la nue,
Va rougir le corail dans le sable des mers,
Et vit dans les glaçons qu'ont durcis les hivers.
    Le ciel en nous formant mélangea notre vie
De désirs, de dégoûts, de raison, de folie,
De moments de plaisirs et de jours de tourments.
De notre être imparfait voilà les éléments.
Ils composent tout l'homme, ils forment son essence ;
Et Dieu nous pesa tous dans la même balance.

DEUXIÈME DISCOURS.

DE LA LIBERTÉ.

On entend par ce mot *liberté* le pouvoir de faire
ce qu'on veut. Il n'y a et ne peut y avoir d'autre
liberté. C'est pourquoi Locke l'a si bien défi-
nie *puissance*.

Dans le cours de nos ans, étroit et court passage,
Si le bonheur qu'on cherche est le prix du vrai sage,
Qui pourra me donner ce trésor précieux?
Dépend-il de moi-même? est-ce un présent des cieux?
Est-il, comme l'esprit, la beauté, la naissance,
Partage indépendant de l'humaine prudence?
Suis-je libre en effet? ou mon âme et mon corps
Sont-ils d'un autre agent les aveugles ressorts?
Enfin ma volonté, qui me meut, qui m'entraîne,
Dans le palais de l'âme est-elle esclave ou reine?
    Obscurément plongé dans ce doute cruel,
Mes yeux, chargés de pleurs, se tournaient vers le ciel,
Lorsqu'un de ces esprits que le souverain Être
Plaça près de son trône, et fit pour le connaître,
Qui respirent dans lui, qui brûlent de ses feux,
Descendit jusqu'à moi de la voûte des cieux;
Car on voit quelquefois ces fils de la lumière
Éclairer d'un mondain l'âme simple et grossière,
Et fuir obstinément tout docteur orgueilleux
Qui, dans sa chaire assis, pense être au-dessus d'eux,

Et, le cerveau troublé des vapeurs d'un système,
Prend ces brouillards épais pour le jour du ciel même.

    Écoute, me dit-il, prompt à me consoler,
Ce que tu peux entendre, et qu'on peut révéler.
J'ai pitié de ton trouble; et ton âme sincère,
Puisqu'elle sait douter, mérite qu'on l'éclaire:
Oui, l'homme sur la terre est libre ainsi que moi;
C'est le plus beau présent de notre commun roi.
La liberté, qu'il donne à tout être qui pense,
Fait des moindres esprits et la vie et l'essence.
Qui conçoit, veut, agit, est libre en agissant;
C'est l'attribut divin de l'Être tout-puissant.
Il en fait un partage à ses enfants qu'il aime!
Nous sommes ses enfants, des ombres de lui-même.
Il connut, il voulut, et l'univers naquit;
Ainsi, lorsque tu veux, la matière obéit.
Souverain sur la terre, et roi par la pensée,
Tu veux, et sous tes mains la nature est forcée.
Tu commandes aux mers, au souffle des zéphyrs,
A ta propre pensée, et même à tes désirs.
Ah! sans la liberté, que seraient donc nos âmes?
Mobiles agités par d'invisibles flammes,
Nos vœux, nos actions, nos plaisirs, nos dégoûts,
De notre être, en un mot, rien ne serait à nous.
D'un artisan suprême impuissantes machines,
Automates pensants, mûs par des mains divines,
Nous serions, à jamais de mensonge occupés,
Vils instruments d'un Dieu qui nous aurait trompés.

    Comment, sans liberté, serions-nous ses images?
Que lui reviendrait-il de ses brutes ouvrages?
On ne peut donc lui plaire, on ne peut l'offenser;
On n'a rien à punir, rien à récompenser.

Dans les cieux, sur la terre, il n'est plus de justice.
Pucelle est sans vertu, Desfontaines sans vice.
Le destin nous entraîne à nos affreux penchants,
Et ce chaos du monde est fait pour les méchants.
L'oppresseur insolent, l'usurpateur avare,
Cartouche, Mitiwitz, ou tel autre barbare,
Plus coupable enfin qu'eux, le calomniateur
Dira : Je n'ai rien fait, Dieu seul en est l'auteur;
Ce n'est pas moi, c'est lui qui manque à ma parole,
Qui frappe par mes mains, pille, brûle, viole.
C'est ainsi que le Dieu de justice et de paix,
Serait l'auteur du trouble, et le Dieu des forfaits.
Les tristes partisans de ce dogme effroyable
Diraient-ils rien de plus, s'ils adoraient le diable?

    J'étais à ce discours tel qu'un homme enivré
Qui s'éveille en sursaut, d'un grand jour éclairé,
Et dont la clignotante et débile paupière
Lui laisse encore à peine entrevoir la lumière.
J'osai répondre enfin d'une timide voix :
Interprète sacré des éternelles lois,
Pourquoi, si l'homme est libre, a-t-il tant de faiblesse?
Que lui sert le flambeau de sa vaine sagesse?
Il le suit, il s'égare; et, toujours combattu,
Il embrasse le crime en aimant la vertu.
Pourquoi ce roi du monde, et si libre, et si sage,
Subit-il si souvent un si dur esclavage?

    L'esprit consolateur à ces mots répondit :
Quelle douleur injuste accable ton esprit?
La liberté, dis-tu, t'est quelquefois ravie :
Dieu te la devait-il immuable, infinie,
Égale en tout état, en tout temps, en tout lieu?
Tes destins sont d'un homme, et tes vœux sont d'un Dieu.

Quoi! dans cet océan cet atome qui nage
Dira : L'immensité doit être mon partage.
Non, tout est fait pour toi, changeant et limité ;
Ta force, ton esprit, tes talents, ta beauté.
La nature, en tout sens, a des bornes prescrites,
Et le pouvoir humain serait seul sans limites !
Mais, dis-moi, quand ton cœur, formé de passions,
Se rend malgré lui-même à leurs impressions,
Qu'il sent dans ses combats sa liberté vaincue,
Tu l'avais donc en toi, puisque tu l'as perdue ?
Une fièvre brûlante, attaquant tes ressorts,
Vient à pas inégaux miner ton faible corps.
Mais quoi! par ce danger répandu sur ta vie
Ta santé pour jamais n'est point anéantie :
On te voit revenir des portes de la mort,
Plus ferme, plus content, plus tempérant, plus fort.
Connais mieux l'heureux don que ton chagrin réclame :
La liberté dans l'homme est la santé de l'âme.
On la perd quelquefois ; la soif de la grandeur,
La colère, l'orgueil, un amour suborneur,
D'un désir curieux les trompeuses saillies :
Hélas ! combien le cœur a-t-il de maladies ?
Mais contre leurs assauts tu seras raffermi ;
Prends ce livre sensé, consulte cet ami.
(Un ami, don du ciel, est le vrai bien du sage.)
Voilà l'Helvétius, le Sylva, le Vernage,
Que le Dieu des humains, prompt à les secourir,
Daigne leur envoyer sur le point de périr.
Est-il un seul mortel de qui l'âme insensée,
Quand il est en péril, ait une autre pensée ?
Vois de la liberté cet ennemi mutin,
Aveugle partisan d'un aveugle destin.

Entends comme il consulte, approuve, délibère ;
Entends de quel reproche il couvre un adversaire ;
Vois comment d'un rival il cherche à se venger,
Comme il punit son fils et le veut corriger.
Il le croyait donc libre ? oui, sans doute ; et lui-même
Dément à chaque pas son funeste système.
Il mentait à son cœur, en voulant expliquer
Ce dogme absurde à croire, absurde à pratiquer.
Il reconnaît en lui le sentiment qu'il brave ;
Il agit comme libre, et parle comme esclave.

    Sûr de ta liberté, rapporte à son auteur
Ce don que sa bonté te fit pour ton bonheur.
Commande à ta raison d'éviter ces querelles,
Des tyrans de l'esprit disputes immortelles ;
Ferme en tes sentiments, et simple dans ton cœur,
Aime la vérité, mais pardonne à l'erreur.
Fuis les emportements d'un zèle atrabilaire ;
Ce mortel qu'il abhorre est un homme, est ton frère :
Sois sage pour toi seul, compatissant pour lui ;
Fais ton bonheur enfin par le bonheur d'autrui.

    Ainsi parlait la voix de ce sage suprême :
Ses discours m'élevaient au-dessus de moi-même.
J'allais lui demander, indiscret dans mes vœux,
Des secrets réservés pour les peuples des cieux :
Ce que c'est que l'esprit, l'espace, la matière,
L'éternité, le temps, le ressort, la lumière ;
Étranges questions qui confondent souvent
Le profond s'Gravesande et le subtil Mairan,
Et qu'expliquait en vain, dans ses doctes chimères,
L'auteur des tourbillons que l'on ne croit plus guères.
Mais, déjà s'échappant à mon œil enchanté,
Il volait au séjour où luit la vérité.

Il n'était pas vers moi descendu pour m'apprendre
Les secrets du Très-Haut que je ne puis comprendre ;
Mes yeux d'un plus grand jour auraient été blessés ;
Il m'a dit : Sois heureux ; il m'en a dit assez.

FIN DU DEUXIÈME DISCOURS.

TROISIÈME DISCOURS.

DE L'ENVIE.

Si l'homme est créé libre, il doit se gouverner;
Si l'homme a des tyrans, il les doit détrôner.
On ne le sait que trop, ces tyrans sont les vices.
Le plus cruel de tous dans ses sombres caprices,
Le plus lâche à la fois, et le plus acharné,
Qui plonge au fond du cœur un trait empoisonné,
Ce bourreau de l'esprit, quel est-il? c'est l'envie.
L'orgueil lui donna l'être au sein de la folie:
Rien ne peut l'adoucir, rien ne peut l'éclairer :
Quoique enfant de l'orgueil, il craint de se montrer.
Le mérite étranger est un poids qui l'accable:
Semblable à ce géant si connu dans la fable,
Triste ennemi des dieux, par les dieux écrasé,
Lançant en vain les feux dont il est embrasé;
Il blasphème, il s'agite en sa prison profonde;
Il croit pouvoir donner des secousses au monde.
Il fait trembler l'Etna dont il est oppressé;
L'Etna sur lui retombe, il en est terrassé.

    J'ai vu des courtisans, ivres de fausse gloire,
Détester dans Villars l'éclat de la victoire.
Ils haïssaient le bras qui faisait leur appui.
Il combattait pour eux, ils parlaient contre lui.
Ce héros eut raison, quand, cherchant les batailles,
Il disait à Louis : *Je ne crains que Versailles;*
Contre vos ennemis je marche sans effroi;
Défendez-moi des miens, ils sont près de mon roi.

Cœurs jaloux! à quels maux êtes-vous donc en proie?
Vos chagrins sont formés de la publique joie.
Convives dégoûtés, l'aliment le plus doux,
Aigri par votre bile, est un poison pour vous.
O vous qui de l'honneur entrez dans la carrière,
Cette route à vous seule appartient-elle entière?
N'y pouvez-vous souffrir les pas d'un concurrent?
Voulez-vous ressembler à ces rois d'Orient
Qui, de l'Asie esclave oppresseurs arbitraires,
Pensent ne bien régner qu'en étranglant leurs frères?

　　Lorsqu'aux jeux du théâtre, écueils de tant d'esprits,
Une affiche nouvelle entraîne tout Paris,
Quand Dufresne et Gaussin, d'une voix attendrie,
Font parler Orosmane, Alzire, Zénobie,
Le spectateur content, qu'un beau trait vient saisir,
Laissé couler des pleurs, enfants de son plaisir :
Rufus désespéré, que ce plaisir outrage,
Pleure aussi dans un coin; mais ses pleurs sont de rage.

　　Hé bien, pauvre affligé, si ce fragile honneur,
Si ce bonheur d'un autre a déchiré ton cœur,
Mets du moins à profit le chagrin qui t'anime :
Mérite un tel succès, compose, efface, lime.
Le public applaudit aux vers du *Glorieux*;
Est-ce un affront pour toi? courage, écris, fais mieux;
Mais garde-toi surtout, si tu crains les critiques,
D'envoyer à Paris tes *Aïeux chimériques* :
Ne fais plus grimacer tes odieux portraits
Sous des crayons grossiers pillés chez Rabelais.

　　Tôt ou tard on condamne un rimeur satirique
Dont la moderne muse emprunte un air gothique,
Et, dans un vers forcé que surcharge un vieux mot,
Couvre son peu d'esprit des phrases de Marot.

Ce jargon dans un conte est encor supportable ;
Mais le vrai veut un air, un ton plus respectable. ,
Si tu veux, faux dévot, séduire un sot lecteur,
Au miel d'un froid sermon mêle un peu moins d'aigreur ;
Que ton jaloux orgueil parle un plus doux langage ;
Singe de la vertu, masque mieux ton visage.
La gloire d'un rival s'obstine à t'outrager,
C'est en le surpassant que tu dois t'en venger.
Érige un monument plus haut que son trophée ;
Mais pour siffler Rameau, l'on doit être un Orphée.
Qu'un petit monstre noir, peint de rouge et de blanc,
Se garde de railler ou Vénus ou Rohan :
On ne s'embellit point en blâmant sa rivale.

Qu'a servi contre Bayle une infâme cabale ?
Par le fougueux Jurieu Bayle persécuté
Sera des bons esprits à jamais respecté ;
Et le nom de Jurieu, son rival fanatique,
N'est aujourd'hui connu que par l'horreur publique.

Souvent, dans ses chagrins, un misérable auteur
Descend au rôle affreux de calomniateur.
Au lever de Séjan, chez Nestor, chez Narcisse,
Il distille à longs traits son absurde malice :
Pour lui tout est scandale, et tout impiété.
Assurer que ce globe, en sa course emporté,
S'élève à l'équateur, en tournant sur lui-même,
C'est un raffinement d'erreur et de blasphème.
Malbranche est spinosiste, et Locke, en ses écrits,
Du poison d'Épicure infecte les esprits.
Pope est un scélérat de qui la plume impie
Ose vanter de Dieu la clémence infinie,
Qui prétend follement, ô le mauvais chrétien !
Que Dieu nous aime tous, et qu'ici tout est bien.

3.

Cent fois plus malheureux, et plus infâme encore
Est ce fripier d'écrits que l'intérêt dévore,
Qui vend au plus offrant son encre et ses fureurs,
Méprisable en son goût, détestable en ses mœurs;
Médisant qui se plaint des brocards qu'il essuie;
Satirique ennuyeux, disant que tout l'ennuie,
Criant que le bon goût s'est perdu dans Paris,
Et le prouvant très-bien, du moins par ses écrits.
    On peut à Despréaux pardonner la satire;
Il joignit l'art de plaire au malheur de médire.
Le miel que cette abeille avait tiré des fleurs
Pouvait de sa piqûre adoucir les douleurs.
Mais pour un lourd frelon, méchamment imbécille,
Qui vit du mal qu'il fait, et nuit sans être utile,
On écrase à plaisir cet insecte orgueilleux
Qui fatigue l'oreille, et qui choque les yeux.
    Quelle était votre erreur, ô vous, peintres vulgaires,
Vous rivaux clandestins, dont les mains téméraires,
Dans ce cloître où Bruno semble encor respirer,
Par une lâche envie, ont pu défigurer
Du Zeuxis des Français les savantes peintures?
L'honneur de son pinceau s'accrut par vos injures;
Ces lambeaux déchirés en sont plus précieux;
Ces traits en sont plus beaux, et vous plus odieux.
Détestons à jamais un si dangereux vice.
    Ah! qu'il nous faut chérir ce trait plein de justice
D'un critique modeste, et d'un vrai bel-esprit,
Qui, lorsque Richelieu follement entreprit
De rabaisser du Cid la naissante merveille,
Tandis que Chapelain osait juger Corneille,
Chargé de condamner cet ouvrage imparfait,
Dit, pour tout jugement : Je voudrais l'avoir fait.

C'est ainsi qu'un grand cœur sait penser d'un grand homme.

A la voix de Colbert, Bernini vint de Rome;
De Perrault dans le Louvre il admira la main.
Ah ! dit-il, si Paris renferme dans son sein
Des travaux si parfaits, un si rare génie,
Fallait-il m'appeler du fond de l'Italie?
Voilà le vrai mérite, il parle avec candeur;
L'envie est à ses pieds, la paix est dans son cœur.

Qu'il est grand, qu'il est doux de se dire à soi-même :
Je n'ai point d'ennemis, j'ai des rivaux que j'aime;
Je prends part à leur gloire, à leurs maux, à leurs biens;
Les arts nous ont unis, leurs beaux jours sont les miens !
C'est ainsi que la terre avec plaisir rassemble
Ces chênes, ces sapins qui s'élèvent ensemble :
Un suc toujours égal est préparé pour eux :
Leur pied touche aux enfers, leur cime est dans les cieux :
Leur tronc inébranlable, et leur pompeuse tête,
Résiste, en se couchant, aux coups de la tempête;
Ils vivent l'un par l'autre, ils triomphent du temps,
Tandis que sous leur ombre on voit de vils serpents
Se livrer, en sifflant, des guerres intestines,
Et de leur sang impur arroser leurs racines.

FIN DU TROISIÈME DISCOURS.

QUATRIÈME DISCOURS.

DE LA MODÉRATION EN TOUT,

DANS L'ÉTUDE, DANS L'AMBITION, DANS LES PLAISIRS,

A M. HELVÉTIUS.

Tout vouloir est d'un fou, l'excès est son partage;
La modération est le trésor du sage :
Il sait régler ses goûts, ses travaux, ses plaisirs,
Mettre un but à sa course, un terme à ses désirs.
Nul ne peut avoir tout. L'amour de la science
A guidé ta jeunesse au sortir de l'enfance;
La nature est ton livre, et tu prétends y voir
Moins ce qu'on a pensé que ce qu'il faut savoir.
La raison te conduit, avance à sa lumière;
Marche encor quelques pas, mais borne ta carrière.
Au bord de l'infini tu te dois arrêter; [1]
Là commence un abîme, il le faut respecter.

Réaumur, dont la main si savante et si sûre
A percé tant de fois la nuit de la nature,
M'apprendra-t-il jamais par quels subtils ressorts
L'éternel artisan fait végéter les corps;
Pourquoi l'aspic affreux, le tigre, la panthère,
N'ont jamais adouci leur cruel caractère;

---

[1] Il y a, *ton cours doit s'arrêter*. La Harpe a corrigé
cette faute, et nous avons suivi sa correction.

Et que, reconnaissant la main qui le nourrit,
Le chien meurt en léchant le maître qu'il chérit ?
D'où vient qu'avec cent pieds, qui semblent inutiles,
Cet insecte tremblant traîne ses pas débiles ?
Pourquoi ce ver changeant se bâtit un tombeau,
S'enterre, et ressuscite avec un corps nouveau,
Et, le front couronné tout brillant d'étincelles,
S'élance dans les airs en déployant ses ailes ?
Le sage Du Fai parmi ses plants divers,
Végétaux rassemblés des bouts de l'univers,
Me dira-t-il pourquoi la tendre sensitive
Se flétrit sous nos mains honteuse et fugitive ?
   Malade, et dans un lit, de douleur accablé,
Par l'éloquent Sylva vous êtes consolé.
Il sait l'art de guérir autant que l'art de plaire.
Demandez à Sylva par quel secret mystère [1]
Ce pain, cet aliment dans mon corps digéré,
Se transforme en un lait doucement préparé ;
Comment, toujours filtré dans ses routes certaines,
En longs ruisseaux de pourpre il court enfler mes veines,
A mon corps languissant rend un pouvoir nouveau,
Fait palpiter mon cœur et penser mon cerveau.
Il lève au ciel les yeux, il s'incline, il s'écrie :
Demandez-le à ce Dieu qui nous donna la vie.
   Courriers de la physique, Argonautes nouveaux,
Qui franchissez les monts, qui traversez les eaux,
Ramenez des climats soumis aux trois couronnes
Vos perches, vos secteurs, et surtout deux Laponnes :

----

[1] Nous avons cru devoir rétablir l'ancienne leçon, suivant l'avis de La Harpe.

Vous avez confirmé, dans ces lieux pleins d'ennui,
Ce que Newton connut sans sortir de chez lui.
Vous avez arpenté quelque faible partie
Des flancs toujours glacés de la terre aplatie.
Dévoilez ces ressorts qui font la pesanteur :
Vous connaissez les lois qu'établit son auteur ;
Parlez, enseignez-moi comment ses mains fécondes
Font tourner tant de cieux, graviter tant de mondes ;
Pourquoi vers le soleil notre globe entraîné
Se meut autour de soi, sur son axe incliné,
Parcourant en douze ans les célestes demeures ;
D'où vient que Jupiter a son jour de dix heures.
Vous ne le savez point : votre savant compas
Mesure l'univers, et ne le connaît pas.
Je vous vois dessiner, par un art infaillible,
Le dehors d'un palais à l'homme inaccessible ;
Les angles, les côtés sont marqués par vos traits ;
Le dedans à vos yeux est fermé pour jamais.
Pourquoi donc m'affliger si ma débile vue
Ne peut percer la nuit sur mes yeux répandue ?
Je n'imiterai point ce malheureux savant,
Qui, des feux de l'Etna scrutateur imprudent,
Marchant sur des monceaux de bitume et de cendre,
Fut consumé du feu qu'il cherchait à comprendre.
   Modérons-nous surtout dans notre ambition :
C'est du cœur des humains la grande passion.
L'empesé magistrat, le financier sauvage,
La prude aux yeux dévots, la coquette volage,
Vont en poste à Versaille essuyer des mépris,
Qu'ils reviennent soudain rendre en poste à Paris.
Les libres habitants des rives du Permesse
Ont saisi quelquefois cette amorce traîtresse :

Platon va raisonner à la cour de Denis :
Racine janséniste est auprès de Louis.
L'auteur voluptueux qui célébra Glycère
Prodigue au fils d'Octave un encens mercenaire.
Moi-même, renonçant à mes premiers desseins,
J'ai vécu, je l'avoue, avec des souverains.
Mon vaisseau fit naufrage aux mers de ces sirènes ;
Leur voix flatta mes sens, ma main porta leurs chaines ;
On me dit, Je vous aime ; et je crus, comme un sot,
Qu'il était quelque idée attachée à ce mot.
J'y fus pris. J'asservis au vain désir de plaire
La mâle liberté qui fait mon caractère ;
Et, perdant la raison dont je devais m'armer,
J'allai m'imaginer qu'un roi pouvait aimer.
Que je suis revenu de cette erreur grossière !
A peine de la cour j'entrai dans la carrière,
Que mon âme, éclairée, ouverte au repentir,
N'eut d'autre ambition que d'en pouvoir sortir.
Raisonneurs beaux esprits, et vous qui croyez l'être,
Voulez-vous vivre heureux ? vivez toujours sans maître.

O vous qui ramenez dans les murs de Paris
Tous les excès honteux des mœurs de Sibaris,
Qui, plongés dans le luxe, énervés de mollesse,
Nourrissez dans votre âme une éternelle ivresse,
Apprenez, insensés qui cherchez le plaisir,
Et l'art de le connaitre, et celui de jouir.
Les plaisirs sont les fleurs que notre divin maître
Dans les ronces du monde autour de nous fait naitre ;
Chacune a sa saison, et, par des soins prudents,
On peut en conserver pour l'hiver de nos ans.
Mais s'il faut les cueillir, c'est d'une main légère ;
On flétrit aisément leur beauté passagère.

N'offrez pas à vos sens de mollesse accablés
Tous les parfums de Flore à la fois exhalés :
Il ne faut point tout voir, tout sentir, tout entendre.
Quittons les voluptés pour pouvoir les reprendre.
Le travail est souvent le père du plaisir.
Je plains l'homme accablé du poids de son loisir.
Le bonheur est un bien que nous vend la nature.
Il n'est point ici bas de moissons sans culture :
Tout veut des soins sans doute, et tout est acheté.

    Regardez Brossoret ; de sa table entêté,
Au sortir d'un spectacle, où de tant de merveilles
Le son perdu pour lui frappe en vain ses oreilles,
Il se traîne à souper, plein d'un secret ennui,
Cherchant en vain la joie, et fatigué de lui.
Son esprit, offusqué d'une vapeur grossière,
Jette encor quelques traits sans force et sans lumière ;
Parmi les voluptés dont il croit s'enivrer,
Malheureux ! il n'a pas le temps de désirer !
Jadis, trop caressé des mains de la mollesse,
Le plaisir s'endormit au sein de la paresse ;
La langueur l'accabla : plus de chants, plus de vers,
Plus d'amour, et l'ennui détruisait l'univers.
Un Dieu, qui prit pitié de la nature humaine,
Mit auprès du plaisir le travail et la peine.
La crainte l'éveilla, l'espoir guida ses pas ;
Ce cortége aujourd'hui l'accompagne ici-bas.

    Semez vos entretiens de fleurs toujours nouvelles ;
Je le dis aux amants, je le répète aux belles.
Damon, tes sens trompeurs, et qui t'ont gouverné,
T'ont promis un bonheur qu'ils ne t'ont point donné.
Tu crois, dans les douceurs qu'un tendre amour apprête,
Soutenir de Daphné l'éternel tête-à-tête :

Mais ce bonheur usé n'est qu'un dégoût affreux,
Et vous avez besoin de vous quitter tous deux.
Ah! pour vous voir toujours sans jamais vous déplaire,
Il faut un cœur plus noble, une âme moins vulgaire,
Un esprit vrai, sensé, fécond, ingénieux,
Sans humeur, sans caprice, et surtout vertueux;
Pour les cœurs corrompus l'amitié n'est point faite.
O divine amitié! félicité parfaite,
Seul mouvement de l'âme où l'excès soit permis,
Change en bien tous les maux où le ciel m'a soumis.
Compagne de mes pas dans toutes mes demeures,
Dans toutes les saisons et dans toutes les heures,
Sans toi tout homme est seul; il peut, par ton appui,
Multiplier son être et vivre dans autrui.
Idole d'un cœur juste, et passion du sage,
Amitié, que ton nom couronne cet ouvrage,
Qu'il préside à mes vers comme il règne en mon cœur;
Tu m'appris à connaître, à chanter le bonheur.

FIN DU QUATRIÈME DISCOURS.

CINQUIÈME DISCOURS.

SUR LA NATURE DU PLAISIR.

Jusqu'a quand verrons-nous ce rêveur fanatique
Fermer le ciel au monde, et, d'un ton despotique,
Damnant le genre humain, qu'il prétend convertir,
Nous prêcher la vertu pour la faire haïr?
Sur les pas de Calvin, ce fou sombre et sévère
Croit que Dieu, comme lui, n'agit qu'avec colère.
Je crois voir d'un tyran le ministre abhorré,
D'esclaves qu'il a faits tristement entouré,
Dictant d'un air hideux ses volontés sinistres.
Je cherche un roi plus doux, et de plus doux ministres.
Timon se croit parfait depuis qu'il n'aime rien;
Il faut que l'on soit homme, afin d'être chrétien;
Je suis homme, et d'un Dieu je chéris la clémence.
Mortels, venez à lui, mais par reconnaissance.
La nature, attentive à remplir vos désirs,
Vous appelle à ce Dieu par la voix des plaisirs,
Nul encor n'a chanté sa bonté tout entière;
Par le seul mouvement il conduit la matière:
Mais c'est par le plaisir qu'il conduit les humains.
Sentez du moins les dons prodigués par ses mains.
Tout mortel au plaisir a dû son existence;
Par lui le corps agit, le cœur sent, l'esprit pense.
Soit que du doux sommeil la main ferme vos yeux;
Soit que le jour pour vous vienne embellir les cieux;
Soit que, vos sens flétris cherchant leur nourriture,
L'aiguillon de la faim presse en vous la nature;

Ou que l'amour vous force, en des moments plus doux,
A produire un autre être, à revivre après vous ;
Partout d'un Dieu clément la bonté salutaire
Attache à vos besoins un plaisir nécessaire.
Les mortels, en un mot, n'ont point d'autre moteur.

Sans l'attrait du plaisir, sans ce charme vainqueur,
Qui des lois de l'hymen eût subi l'esclavage ?
Quelle beauté jamais aurait eu le courage
De porter un enfant dans son sein renfermé
Qui déchire en naissant les flancs qui l'ont formé ?
De conduire avec crainte une enfance imbécille,
Et d'un âge fougueux l'imprudence indocile ?

Ah ! dans tous vos états, en tout temps, en tout lieu,
Mortels, à vos plaisirs reconnaissez un Dieu.
Que dis-je, à vos plaisirs ? c'est à la douleur même
Que je connais de Dieu la sagesse suprême ;
Ce sentiment si prompt dans nos corps répandu,
Parmi tous nos dangers sentinelle assidu,
D'une voix salutaire incessamment nous crie :
Ménagez, défendez, conservez votre vie.

Chez les sombres dévots l'amour-propre est damné ;
C'est l'ennemi de l'homme, aux enfers il est né.
Vous vous trompez, ingrats, c'est un don de Dieu même ;
Tout amour vient du ciel ; Dieu nous chérit, il s'aime.
Nous nous aimons dans nous, dans nos biens, dans nos fils,
Dans nos concitoyens, surtout dans nos amis :
Cet amour nécessaire est l'âme de notre âme ;
Notre esprit est porté sur ses ailes de flamme.

Oui, pour nous élever aux grandes actions,
Dieu nous a, par bonté, donné les passions.
Tout dangereux qu'il est, c'est un présent céleste ;
L'usage en est heureux, si l'abus est funeste.

J'admire et ne plains point un cœur maître de soi,
Qui, tenant ses désirs enchaînés sous sa loi,
S'arrache au genre humain pour Dieu qui nous fit naître;
Se plaît à l'éviter plutôt qu'à le connaître;
Et, brûlant pour son Dieu d'un amour dévorant,
Fuit les plaisirs permis, par un plaisir plus grand.
Mais que, fier de sa croix, vain de ses abstinences,
Et surtout en secret lassé de ses souffrances,
Il condamne dans nous tout ce qu'il a quitté,
L'hymen, le nom de père, et la société;
On voit de cet orgueil la vanité profonde;
C'est moins l'ami du Dieu que l'ennemi du monde;
On lit dans ses chagrins les regrets des plaisirs.
Le ciel nous fit un cœur, il lui faut des désirs.
  Des stoïques nouveaux le ridicule maître
Prétend m'ôter à moi, me priver de mon être.
Dieu, si nous l'en croyons, serait servi par nous,
Ainsi qu'en son sérail un musulman jaloux,
Qui n'admet près de lui que ces monstres d'Asie
Que le fer a privés des sources de la vie.
  Vous qui vous élevez contre l'humanité,
N'avez-vous lu jamais la docte antiquité?
Ne connaissez-vous point les filles de Pélie?
Dans leur aveuglement voyez votre folie.
Elles croyaient dompter la nature et le temps,
Et rendre leur vieux père à la fleur de ses ans:
Leurs mains, par piété, dans son sein se plongèrent;
Croyant le rajeunir, ses filles l'égorgèrent.
Voilà votre portrait, stoïques abusés;
Vous voulez changer l'homme, et vous le détruisez.
Usez, n'abusez point; le sage ainsi l'ordonne.
Je fuis également Épictète et Pétrone.

L'abstinence ou l'excès ne fit jamais d'heureux.

    Je ne conclus donc pas, orateur dangereux,
Qu'il faut lâcher la bride aux passions humaines;
De ce coursier fougueux je veux tenir les rênes;
Je veux que ce torrent, par un heureux secours,
Sans inonder mes champs, les abreuve en son cours.
Vents, épurez les airs, et soufflez sans tempêtes;
Soleil, sans nous brûler, marche et luis sur nos têtes.
Dieu des êtres pensants, Dieu des cœurs fortunés,
Conservez les désirs que vous m'avez donnés,
Ce goût de l'amitié, cette ardeur pour l'étude,
Cet amour des beaux arts et de la solitude :
Voilà mes passions : mon âme, en tous les temps,
Goûta de leurs attraits les plaisirs consolants.
Quand sur les bords du Mein deux écumeurs barbares,
Des lois des nations violateurs avares,
Deux fripons à brevet, brigands accrédités,
Epuisaient contre moi leurs lâches cruautés,
Le travail occupait ma fermeté tranquille;
Des arts qu'ils ignoraient leur antre fut l'asile.
Ainsi le dieu des bois enflait ses chalumeaux,
Quand le voleur,Cacus enlevait ses troupeaux :
Il n'interrompit point sa douce mélodie.
Heureux qui, jusqu'au temps du terme de sa vie,
Des beaux-arts amoureux, peut cultiver leurs fruits !
Il brave l'injustice, il calme ses ennuis;
Il pardonne aux humains, il rit de leur délire;
Et de sa main mourante il touche encor sa lyre.

FIN DU CINQUIÈME DISCOURS.

SIXIÈME DISCOURS.

DE LA NATURE DE L'HOMME.

La voix de la vertu préside à tes concerts;
Elle m'appelle à toi par le charme des vers.
Ta grande étude est l'homme, et de ce labyrinthe
Le fil de la raison te fait chercher l'enceinte.
Montre l'homme à mes yeux; honteux de m'ignorer,
Dans mon être, dans moi je cherche à pénétrer.
Despréaux et Pascal en ont fait la satire.
Pope et le grand Leibnitz, moins enclins à médire,
Semblent dans leurs écrits prendre un sage milieu;
Ils descendent à l'homme, ils s'élèvent à Dieu :
Mais quelle épaisse nuit voile encor la nature?
Sois l'OEdipe nouveau de cette énigme obscure.
Chacun a dit son mot; on a long-temps rêvé;
Le vrai sens de l'énigme est-il enfin trouvé?
Je sais bien qu'à souper chez Laïs ou Catulle,
Cet examen profond passe pour ridicule.
Là, pour tout argument, quelques couplets malins
Exercent plaisamment nos cerveaux libertins.
Autre temps, autre étude; et la raison sévère
Trouve accès à son tour, et peut ne point déplaire.
Dans le fond de son cœur on se plaît à rentrer;
Nos yeux cherchent le jour, lent à nous éclairer.
Le grand monde est léger, inappliqué, volage;
Sa voix trouble et séduit : est-on seul, on est sage.
Je veux l'être; je veux m'élever avec toi
Des fanges de la terre au trône de son roi.

Montre-moi, si tu peux, cette chaîne invisible
Du monde des esprits, et du monde sensible,
Cet ordre si caché de tant d'êtres divers,
Que Pope, après Platon, crut voir dans l'univers.

Vous me pressez en vain. Cette vaste science,
Ou passe ma portée, ou me force au silence,
Mon esprit, resserré sous le compas français,
N'a point la liberté des Grecs et des Anglais.
Pope a droit de tout dire, et moi je dois me taire.
A Bourge, un bachelier peut percer ce mystère,
Je n'ai point mes degrés, et je ne prétends pas
Hasarder pour un mot de dangereux combats.
Écoutez seulement un récit véritable,
Que peut-être Fourmont prendra pour une fable,
Et que je lus hier dans un livre chinois
Qu'un jésuite à Pékin traduisit autrefois.

Un jour quelques souris se disaient l'une à l'autre :
Que ce monde est charmant! quel empire est le nôtre!
Ce palais si superbe est élevé pour nous ;
De toute éternité Dieu nous fit ces grands trous.
Vois-tu ces gras jambons sous cette voûte obscure?
Ils y furent créés des mains de la nature.
Ces montagnes de lard, éternels aliments,
Sont pour nous en ces lieux jusqu'à la fin des temps.
Oui, nous sommes, grand Dieu, si l'on en croit nos sages,
Le chef-d'œuvre, la fin, le but de tes ouvrages.
Les chats sont dangereux et prompts à nous manger ;
Mais c'est pour nous instruire et pour nous corriger.

Plus loin, sur le duvet d'une herbe renaissante,
Près des bois, près des eaux, une troupe innocente
De canards nasillants, de dindons rengorgés,
De gros moutons bélants, que leur laine a chargés,

Disaient : Tout est à nous, bois, prés, étangs, montagnes;
Le ciel pour nos besoins fait verdir les campagnes.
L'âne paissait auprès, et, se mirant dans l'eau,
Il rendait grâce au ciel en se trouvant si beau ;
Pour les ânes, dit-il, le ciel a fait la terre :
L'homme est né mon esclave, il me panse, il me ferre,
Il m'étrille, il me lave, il prévient mes désirs,
Il bâtit mon sérail, il conduit mes plaisirs :
Respectueux témoin de ma noble tendresse,
Ministre de ma joie, il m'amène une ânesse;
Et je ris quand je vois cet esclave orgueilleux
Envier l'heureux don que j'ai reçu des cieux.

    L'homme vint et cria : Je suis puissant et sage;
Cieux, terres, éléments, tout est pour mon usage;
L'Océan fut formé pour porter mes vaisseaux;
Les vents sont mes courriers, les astres mes flambeaux.
Ce globe, qui des nuits blanchit les sombres voiles,
Croît, décroît, fuit, revient, et préside aux étoiles;
Moi, je préside à tout; mon esprit éclairé
Dans les bornes du monde eût été trop serré :
Mais enfin de ce monde et l'oracle et le maître,
Je ne suis point encor ce que je devrais être.
Quelques anges alors, qui là-haut dans les cieux
Règlent ces mouvements imparfaits à nos yeux,
En faisant tournoyer ces immenses planètes,
Disaient : Pour nos plaisirs sans doute elles sont faites.
Puis de là sur la terre ils jetaient un coup-d'œil,
Ils se moquaient de l'homme et de son sot orgueil.
Le Tien les entendit; il voulut que sur l'heure
On les fit assembler dans sa haute demeure;
Ange, homme, quadrupède, et ces êtres divers,
Dont chacun forme un monde en ce vaste univers.

Ouvrage de mes mains, enfants du même père,
Qui portez, leur dit-il, mon divin caractère,
Vous êtes nés pour moi, rien ne fut fait pour vous :
Je suis le centre unique où vous répondez tous.
Des destins et des temps connaissez le seul maître.
Rien n'est grand, ni petit, tout est ce qu'il doit être.
D'un parfait assemblage instruments imparfaits,
Dans votre rang placés, demeurez satisfaits.
L'homme ne le fut point. Cette indocile espèce
Sera-t-elle occupée à murmurer sans cesse ?
Un vieux lettré chinois, qui toujours sur les bancs
Combattit la raison par de beaux arguments,
Plein de Confucius, et sa logique en tête,
Distinguant, concluant, présenta sa requête.

    Pourquoi suis-je en un point resserré par le temps ?
Mes jours devraient aller par-delà vingt mille ans ;
Ma taille pour le moins dut avoir cent coudées.
D'où vient que je ne puis, plus prompt que mes idées,
Voyager dans la lune et réformer son cours ?
Pourquoi faut-il dormir un grand tiers de mes jours ?
Pourquoi ne puis-je, au gré de ma pudique flamme,
Faire au moins en trois mois cent enfants à ma femme ?
Pourquoi fus-je en un jour si las de ses attraits ?

    Tes pourquoi, dit le dieu, ne finiraient jamais :
Bientôt tes questions vont être décidées :
Va chercher ta réponse au pays des idées ;
Pars. Un ange aussitôt l'emporte dans les airs,
Au sein du vide immense où se meut l'univers,
A travers cent soleils entourés de planètes,
De lunes et d'anneaux, et de longues comètes :
Il entre dans un globe où d'immortelles mains
Du roi de la nature ont tracé les desseins,

Où l'œil peut contempler les images visibles,
Et des mondes réels et des mondes possibles.

Mon vieux lettré chercha, d'espérance animé,
Un monde fait pour lui, tel qu'il l'aurait formé;
Il cherchait vainement; l'ange lui fait connaître
Que rien de ce qu'il veut en effet ne peut être;
Que, si l'homme eût été tel qu'on feint les géants,
Faisant la guerre au ciel, ou plutôt au bon sens,
S'il eût à vingt mille ans étendu sa carrière,
Ce petit amas d'eau, de sable et de poussière,
N'eût jamais pu suffire à nourrir dans son sein
Ces énormes enfants d'un autre genre humain.
Le Chinois argumente; on le force à conclure
Que dans tout l'univers chaque être a sa mesure;
Que l'homme n'est point fait pour ses vastes désirs;
Que sa vie est bornée ainsi que ses plaisirs;
Que le travail, les maux, la mort, sont nécessaires;
Et que, sans fatiguer par de lâches prières
La volonté d'un Dieu qui ne saurait changer,
On doit subir la loi qu'on ne peut corriger,
Voir la mort d'un œil ferme et d'une âme soumise.
Le lettré convaincu, non sans quelque surprise,
S'en retourne ici-bas, ayant tout approuvé;
Mais il y murmura quand il fut arrivé.
Convertir un docteur est une œuvre impossible.

Matthieu Garo chez nous eut l'esprit plus flexible :
Il loua Dieu de tout. Peut-être qu'autrefois
De longs ruisseaux de lait serpentaient dans nos bois,
La lune était plus grande, et la nuit moins obscure;
L'hiver se couronnait de fleurs et de verdure :
L'homme, ce roi du monde, et roi très-fainéant,
Se contemplait à l'aise, admirait son néant;

Et, formé pour agir, se plaisait à rien faire.
Mais, pour nous, fléchissons sous un sort tout contraire ;
Contentons-nous des biens qui nous sont destinés,
Passagers comme nous, et comme nous bornés :
Sans rechercher en vain ce que peut notre maître,
Ce que fut notre monde, et ce qu'il devrait être,
Observons ce qu'il est, et recueillons le fruit.
Des trésors qu'il renferme et des biens qu'il produit.
Si du Dieu qui nous fit l'éternelle puissance
Eût à deux jours au plus borné notre existence,
Il nous aurait fait grâce, il faudrait consumer
Ces deux jours de la vie à lui plaire, à l'aimer :
Le temps est assez long pour quiconque en profite ;
Qui travaille et qui pense en étend la limite.
On peut vivre beaucoup sans végéter long-temps :
Et je vais te prouver par mes raisonnements....
Mais malheur à l'auteur qui veut toujours instruire !
Le secret d'ennuyer est celui de tout dire.

C'est ainsi que ma muse, avec simplicité,
Sur des tons différents chantait la vérité,
Lorsque, de la nature éclaircissant les voiles,
Nos Français à Quito cherchaient d'autres étoiles ;
Que Clairault, Maupertuis, entourés de glaçons,
D'un secteur à lunette étonnaient les Lapons ;
Tandis que, d'une main stérilement vantée,
Le hardi Vaucanson, rival de Prométhée,
Semblait, de la nature imitant les ressorts,
Prendre le feu des cieux pour animer les corps.

Pour moi, loin des cités, sur les bords du Permesse,
Je suivais la nature et cherchais la sagesse ;
Et des bords de la sphère où s'emporta Milton,
Et de ceux de l'abime où pénétra Newton,

Je les voyais franchir leur carrière infinie ;
Amant de tous les arts et de tout grand génie,
Implacable ennemi du calomniateur,
Du fanatique absurde et du vil délateur ;
Ami sans artifice, auteur sans jalousie,
Adorateur d'un Dieu, mais sans hypocrisie ;
Dans un corps languissant de cent maux attaqué
Gardant un esprit libre, à l'étude appliqué ;
Et sachant qu'ici-bas la félicité pure
Ne fut jamais permise à l'humaine nature.

FIN DU SIXIÈME DISCOURS.

SEPTIÈME DISCOURS.

SUR LA VRAIE VERTU.

Le nom de la vertu retentit sur la terre ;
On l'entend au théâtre, au barreau, dans la chaire ;
Jusqu'au milieu des cours il parvient quelquefois :
Il s'est même glissé dans les traités des rois.
C'est un beau mot sans doute, et qu'on se plaît d'entendre,
Facile à prononcer, difficile à comprendre :
On trompe, on est trompé. Je crois voir des jetons
Donnés, reçus, rendus, troqués par des fripons ;
Ou bien ces faux billets, vains enfants du système
De ce fou d'Écossais qui se dupa lui-même.
    Qu'est-ce que la vertu ? Le meilleur citoyen,
Brutus, se repentit d'être un homme de bien :
La vertu, disait-il, est un nom sans substance.
    L'école de Zénon, dans sa fière ignorance,
Prit jadis pour vertu l'insensibilité.
Dans les champs levantins, le derviche hébété,
L'œil au ciel, les bras hauts, et l'esprit en prières,
Du Seigneur en dansant invoque les lumières ;
Et, tournant dans un cercle au nom de Mahomet,
Croit de la vertu même atteindre le sommet.
    Les reins ceints d'un cordon, l'œil armé d'impudence,
Un ermite à sandale, engraissé d'ignorance,
Parlant du nez à Dieu, chante au dos d'un lutrin
Cent cantiques hébreux mis en mauvais latin.
Le ciel puisse bénir sa piété profonde !
Mais quel en est le fruit ? quel bien fait-il au monde ?

poëmes.   4

Malgré la sainteté de son auguste emploi,
C'est n'être bon à rien, de n'être bon qu'à soi.

Quand l'ennemi divin des scribes et des prêtres
Chez Pilate autrefois fut traîné par des traîtres,
De cet air insolent qu'on nomme dignité,
Le Romain demanda : *Qu'est-ce que vérité?*
L'Homme-Dieu, qui pouvait l'instruire ou le confondre,
A ce juge orgueilleux dédaigna de répondre.
Son silence éloquent disait assez à tous
Que ce vrai tant cherché ne fut point fait pour nous.
Mais lorsque, pénétré d'une ardeur ingénue,
Un simple citoyen l'aborda dans la rue,
Et que, disciple sage, il prétendit savoir.
Quel est l'état de l'homme, et quel est son devoir;
Sur ce grand intérêt, sur ce point qui nous touche,
Celui qui savait tout ouvrit alors la bouche,
Et, dictant d'un seul mot ses décrets solennels :
Aimez Dieu, lui dit-il, mais aimez les mortels.
Voilà l'homme et sa loi, c'est assez; le ciel même
A daigné tout nous dire en ordonnant qu'on aime.
Le monde est médisant, vain, léger, envieux;
Le fuir est très-bien fait, le servir encor mieux :
A sa famille, aux siens je veux qu'on soit utile.

Où vas-tu loin de moi, fanatique indocile?
Pourquoi ce teint jauni, ces regards effarés,
Ces élans convulsifs, et ces pas égarés?
Contre un siècle indévot, plein d'une sainte rage,
Tu cours chez ta béate à son cinquième étage ;
Quelques saints possédés en cet honnête lieu
Jurent, tordent les mains en l'honneur du bon Dieu;
Sur leurs tréteaux montés, ils rendent des oracles,
Prédisent le passé, font cent autres miracles :

L'aveugle y vient pour voir, et, des deux yeux privé,
Retourne aux Quinze-Vingts marmotant son *Ave*.
Le boiteux saute, et tombe ; et sa sainte famille
Le ramène en chantant, porté sur sa béquille.
Le sourd au front stupide écoute et n'entend rien.
D'aise alors tout pâmés, de pauvres gens de bien,
Qu'un sot voisin bénit, et qu'un fourbe seconde ;
Aux filles du quartier prêchent la fin du monde ;
Je sais que ce mystère a de nobles appas.
Les saints ont des plaisirs que je ne connais pas.
Les miracles sont bons ; mais soulager son frère,
Mais tirer son ami du sein de la misère,
Mais à ses ennemis pardonner leurs vertus,
C'est un plus grand miracle, et qui ne se fait plus.
   Ce magistrat, dit-on, est sévère, inflexible ;
Rien n'amollit jamais sa grande âme insensible.
J'entends : il fait haïr sa place et son pouvoir ;
Il fait des malheureux par zèle et par devoir.
Mais l'a-t-on jamais vu, sans qu'on le sollicite,
Courir d'un air affable au-devant du mérite,
Le choisir dans la foule, et donner son appui
A l'honnête homme obscur qui se tait devant lui ?
De quelques criminels il aura fait justice !
C'est peu d'être équitable, il faut rendre service :
Le juste est bienfaisant. On conte qu'autrefois
Le ministre odieux d'un de nos meilleurs rois
Lui disait en ces mots son avis de potique :
Timante est en secret bien mauvais catholique ;
On a trouvé chez lui la bible de Calvin.
A ce funeste excès vous devez mettre un frein ;
Il faut qu'on l'emprisonne, ou du moins qu'on l'exile.
Comme vous, dit le roi, Timante m'est utile ;

Vous m'apprenez assez quels sont ses attentats ;
Il m'a donné son sang, et vous n'en parlez pas.
De ce roi bienfaisant la prudence équitable
Peint mieux que vingt sermons la vertu véritable.

    Du nom de vertueux seriez-vous honoré,
Doux et discret Cyrus, en vous seul concentré,
Prêchant le sentiment, vous bornant à séduire,
Trop faible pour servir, trop paresseux pour nuire,
Honnête homme indolent, qui, dans un doux loisir,
Loin du mal et du bien, vivez pour le plaisir ?
Non, je donne ce titre au cœur tendre et sublime
Qui soutient hardiment son ami qu'on opprime.
Il t'était dû sans doute, éloquent Pélisson,
Qui défendis Fouquet du fond de ta prison.
Je te rends grâce, ô ciel, dont la bonté propice
M'accorda des amis dans les temps d'injustice,
Des amis courageux, dont la mâle vigueur
Repoussa les assauts du calomniateur,
Du fanatisme ardent, du ténébreux Zoïle,
Du ministre abusé par leur troupe imbécille,
Et des petits tyrans bouffis de vanité,
Dont mon indépendance irritait la fierté.
Oui, pendant quarante ans poursuivi par l'envie,
Des amis vertueux ont consolé ma vie.
J'ai mérité leur zèle et leur fidélité ;
J'ai fait quelques ingrats, et ne l'ai point été.

    Certain législateur, dont la plume féconde
Fit tant de vains projets pour le bien de ce monde,
Et qui depuis trente ans écrit pour des ingrats,
Vient de créer un mot qui manque à Vaugelas.
Ce mot est *bienfaisance*; il me plaît, il rassemble,
Si le cœur en est cru, bien des vertus ensemble.

Petits grammairiens, grands précepteurs des sots,
Qui pesez la parole et mesurez les mots,
Pareille expression vous semble hasardée:
Mais l'univers entier doit en chérir l'idée.

FIN DU SEPTIÈME DISCOURS.

LE POUR

ET

LE CONTRE. [1]

A MADAME.....

Tu veux donc, belle Uranie,
Qu'érigé par ton ordre en Lucrèce nouveau,
Devant toi, d'une main hardie,
Aux superstitions j'arrache le bandeau;
Que j'expose à tes yeux le dangereux tableau
Des mensonges sacrés dont la terre est remplie,
Et que ma philosophie
T'apprenne à mépriser les horreurs du tombeau
Et les terreurs de l'autre vie.
Ne crois point qu'enivré des erreurs de mes sens,
De ma religion blasphémateur profane,
Je veuille avec dépit, dans mes égarements,
Détruire en libertin la loi qui les condamne.

---

[1] On a attribué cet ouvrage à l'abbé de Chaulieu, parce qu'il y a en effet quelque ressemblance entre cette pièce et celle du *Déiste*, qui commence par ces mots :

J'ai vu de près le Styx, j'ai vu les Euménides.
Déjà venaient frapper mes oreilles timides
Les affreux cris du chien de l'empire des morts, etc.

Viens, pénètre avec moi, d'un pas respectueux,
  Les profondeurs du sanctuaire
Du Dieu qu'on nous annonce et qu'on cache à nos yeux.
Je veux aimer ce Dieu, je cherche en lui mon père;
On me montre un tyran que nous devons haïr.
Il créa des humains à lui-même semblables,
    Afin de les mieux avilir;
    Il nous donna des cœurs coupables,
    Pour avoir droit de nous punir.
    Il nous fit aimer le plaisir,
Pour nous mieux tourmenter par des maux effroyables,
Qu'un miracle éternel empêche de finir.
Il venait de créer un homme à son image,
    On l'en voit soudain repentir;
Comme si l'ouvrier n'avait pas dû sentir
    Les défauts de son propre ouvrage!
Aveugle en ses bienfaits, aveugle en son courroux,
A peine il nous fit naître, il va nous perdre tous!
Il ordonne à la mer de submerger le monde,
Ce monde qu'en six jours il forma du néant.
Peut-être qu'on verra sa sagesse profonde
Faire un autre univers plus pur, plus innocent:
    Non; il tire de la poussière
    Une race d'affreux brigands,
D'esclaves sans honneur, et de cruels tyrans,
    Plus méchante que la première.
Que fera-t-il enfin? quels foudres dévorants
Vont sur ces malheureux lancer ses mains sévères?
Va-t-il dans le chaos plonger les éléments?
Écoutez: ô prodige! ô tendresse! ô mystère!
    Il venait de noyer les pères,
    Il va mourir pour les enfants.

Il est un peuple obscur, imbécille et volage,
Amateur insensé des superstitions.
Vaincu par ses voisins, rampant dans l'esclavage,
Et l'éternel mépris des autres nations.
Le fils de Dieu, Dieu même, oubliant sa puissance,
Se fait concitoyen de ce peuple odieux ;
Dans les flancs d'une Juive il vient prendre naissance :
Il rampe sous sa mère, il souffre sous ses yeux
        Les infirmités de l'enfance.
Long-temps vil ouvrier, le rabot à la main,
Ses beaux jours sont perdus dans ce lâche exercice ;
Il prêche enfin trois ans le peuple iduméen,
        Et périt du dernier supplice.
Son sang du moins, le sang d'un Dieu mourant pour nous,
N'était-il pas d'un prix assez noble, assez rare
        Pour suffire à parer les coups
        Que l'enfer jaloux nous prépare ?
Quoi ! Dieu voulut mourir pour le salut de tous,
        Et son trépas est inutile !
Quoi ! l'on me vantera sa clémence facile
Quand, remontant au ciel, il reprend son courroux ;
Quand sa main nous replonge aux éternels abîmes ;
Et quand, par sa fureur effaçant ses bienfaits,
Ayant versé son sang pour expier nos crimes,
Il nous punit de ceux que nous n'avons point faits !
Ce Dieu poursuit encore, aveugle en sa colère,
Sur ses derniers enfants l'erreur du premier père ;
Il en demande compte à cent peuples divers,
        Assis dans la nuit du mensonge ;
        Il punit au fond des enfers
L'ignorance invincible où lui-même il les plonge,
Lui qui veut éclairer et sauver l'univers !

Amérique, vastes contrées,
Peuples que Dieu fit naître aux portes du soleil,
   Vous, nations hyperborées,
Que l'erreur entretient dans un si long sommeil,
Serez-vous pour jamais à sa fureur livrées,
   Pour n'avoir pas su qu'autrefois
Dans un autre hémisphère, au fond de la Syrie,
Le fils d'un charpentier, enfanté par Marie,
Renié par Céphas, expira sur la croix?
Je ne reconnais point, à cette indigne image,
   Le Dieu que je dois adorer;
   Je croirais le déshonorer
Par une telle insulte et par un tel hommage.

Entends, Dieu que j'implore, entends du haut des cieux
   Une voix plaintive et sincère.
Mon incrédulité ne doit pas te déplaire;
   Mon cœur est ouvert à tes yeux;
L'insensé te blasphème, et moi je te révère :
Je ne suis pas chrétien, mais c'est pour t'aimer mieux.

   Cependant quel objet se présente à ma vue!
Le voilà, c'est le Christ puissant et glorieux.
   Auprès de lui, dans une nue,
L'étendard de sa mort, la croix brille à mes yeux.
Sous ses pieds triomphants la mort est abattue;
Des portes de l'enfer il sort victorieux :
Son règne est annoncé par la voix des oracles;
Son trône est cimenté par le sang des martyrs;
Tous les pas de ses saints sont autant de miracles;
Il leur promet des biens plus grands que leurs désirs;
Ses exemples sont saints, sa morale est divine;
Il console en secret les cœurs qu'il illumine;

Dans les plus grands malheurs il leur offre un appui ;
Et si sur l'imposture il fonde sa doctrine,
C'est un bonheur encor d'être trompé par lui.

     Entre ces deux portraits, incertaine Uranie,
C'est à toi de chercher l'obscure vérité,
A toi que la nature honora d'un génie
     Qui seul égale ta beauté.
Songe que du Très-Haut la sagesse éternelle
A gravé de sa main dans le fond de ton cœur
     La religion naturelle.
Crois que de ton esprit la naïve candeur
Ne sera point l'objet de sa haine immortelle ;
Crois que devant son trône, en tout temps, en tous lieux,
     Le cœur du juste est précieux ;
Crois qu'un bonze modeste, un dervis charitable,
     Trouvent plutôt grâce à ses yeux
     Qu'un janséniste impitoyable,
     Ou qu'un pontife ambitieux.
Et qu'importe en effet sous quel titre on l'implore ?
Tout hommage est reçu ; mais aucun ne l'honore.
Un Dieu n'a pas besoin de nos soins assidus ;
Si l'on peut l'offenser, c'est par des injustices.
     Il nous juge sur nos vertus,
     Et non pas sur nos sacrifices.

FIN DU POUR ET DU CONTRE.

POËME

SUR

LA LOI NATURELLE.

EN QUATRE PARTIES,

AU ROI DE PRUSSE.

PRÉFACE.

Ox sait assez que ce poëme n'avait pas été fait pour être public ; c'était depuis trois ans un secret entre un grand roi et l'auteur. Il n'y a que trois mois qu'il s'en répandit quelques copies dans Paris ; et bientôt après il y fut imprimé plusieurs fois d'une manière aussi fautive que les autres ouvrages qui sont partis de la même plume.

Il serait juste d'avoir plus d'indulgence pour un écrit secret, tiré de l'obscurité où son auteur l'avait condamné, que pour un ouvrage qu'un écrivain expose lui-même au grand jour. Il serait encore juste de ne pas juger le poëme d'un laïque comme on jugerait une thèse de théologie. Ces deux poëmes [1] sont les fruits d'un arbre transplanté. Quelques-uns de ces fruits peuvent n'être pas du goût de quelques personnes : ils sont d'un climat étranger, mais il n'y en a aucun d'empoisonné, et plusieurs peuvent être salutaires.

Il faut regarder cet ouvrage comme une lettre où l'on expose en liberté ses sentiments. La plupart des livres ressemblent à ces conversations générales et gênées dans lesquelles on dit rare-

---

[1] L'auteur parle ici du poëme sur le *Désastre de Lisbonne*, qui parut avec celui de la *Loi naturelle*.

ment ce qu'on pense. L'auteur a dit ici ce qu'il a
pensé à un prince philosophe auprès duquel il
avait alors l'honneur de vivre. Il a appris que des
esprits éclairés n'ont pas été mécontents de cette
ébauche : ils ont jugé que le poëme sur *la Loi na-
turelle* est une préparation à des vérités plus
sublimes. Cela seul aurait déterminé l'auteur à
rendre l'ouvrage plus complet et plus correct, si
ses infirmités l'avaient permis. Il a été obligé de
se borner à corriger les fautes dont fourmillent les
éditions qu'on en a faites.

Les louanges données dans cet écrit à un prince
qui ne cherchait pas ces louanges ne doivent sur-
prendre personne ; elles n'avaient rien de la flat-
terie ; elles partaient du cœur : ce n'est pas là de
cet encens que l'intérêt prodigue à la puissance.
L'homme de lettres pouvait ne pas mériter les
éloges et les bontés dont le monarque le comblait ;
mais le monarque méritait la vérité que l'homme
de lettres lui disait dans cet ouvrage. Les change-
ments survenus depuis dans un commerce si ho-
norable pour la littérature n'ont point altéré les
sentiments qu'il avait fait naître.

Enfin, puisqu'on a arraché au secret et à l'obs-
curité un écrit destiné à ne point paraître, il sub-
sistera chez quelques sages comme un monument
d'une correspondance philosophique qui ne devait
point finir ; et l'on ajoute que, si la faiblesse hu-
maine se fait sentir partout, la vraie philosophie
dompte toujours cette faiblesse.

Au reste, ce faible essai fut composé à l'occasion d'une petite brochure qui parut en ce temps-là. Elle était intitulée, *Du souverain bien*, et elle devait l'être, *Du souverain mal*. On y prétendait qu'il n'y a ni vertu ni vice, et que les remords sont une faiblesse d'éducation qu'il faut étouffer. L'auteur du poëme prétend que les remords nous sont aussi naturels que les autres affections de notre âme. Si la fougue d'une passion fait commettre une faute, la nature, rendue à elle-même, sent cette faute. La fille sauvage, trouvée près de Châlons, avoua que, dans la colère, elle avait donné à sa compagne un coup dont cette infortunée mourut entre ses bras. Dès qu'elle vit son sang couler, elle se repentit, elle pleura, elle étancha ce sang, elle mit des herbes sur la blessure. Ceux qui disent que ce retour d'humanité n'est qu'une branche de notre amour-propre font bien de l'honneur à l'amour-propre. Qu'on appelle la raison et les remords comme on voudra, ils existent, et ils sont les fondements de la loi naturelle.

LA LOI NATURELLE,
POËME.

EXORDE.

O vous dont les exploits, le règne et les ouvrages
Deviendront la leçon des héros et des sages,
Qui voyez d'un même œil les caprices du sort,
Le trône et la cabane, et la vie et la mort ;
Philosophe intrépide, affermissez mon âme,
Couvrez-moi des rayons de cette pure flamme
Qu'allume la raison, qu'éteint le préjugé.
Dans cette nuit d'erreur où le monde est plongé
Apportons, s'il se peut, une faible lumière.
Nos premiers entretiens, notre étude première,
Étaient, je m'en souviens, Horace avec Boileau.
Vous y cherchiez le *vrai*, vous y goûtiez le *beau :*
Quelques traits échappés d'une utile morale
Dans leurs piquants écrits brillent par intervalle ;
Mais Pope approfondit ce qu'ils ont effleuré.
D'un esprit plus hardi, d'un pas plus assuré,
Il porta le flambeau dans l'abime de l'être,
Et l'homme avec lui seul apprit à se connaitre.
L'art quelquefois frivole, et quelquefois divin,
L'art des vers est dans Pope utile au genre humain.
Que m'importe en effet que le flatteur d'Octave,
Parasite discret, non moins qu'adroit esclave,
Du lit de sa Glycère, ou de Ligurinus,
En prose mesurée insulte à Crispinus ;

Que Boileau, répandant plus de sel que de grâce,
Veuille outrager Quinault, pense avilir Le Tasse;
Qu'il peigne de Paris les tristes embarras,
Ou décrive en beaux vers un fort mauvais repas?
Il faut d'autres objets à votre intelligence.
  De l'esprit qui vous meut vous recherchez l'essence,
Son principe, sa fin, et surtout son devoir.
Voyons sur ce grand point ce qu'on a pu savoir,
Ce que l'erreur fait croire aux docteurs du vulgaire,
Et ce que vous inspire un Dieu qui vous éclaire.
Dans le fond de nos cœurs il faut chercher ses traits:
Si Dieu n'est pas dans nous, il n'exista jamais.
Ne pouvons-nous trouver l'auteur de notre vie
Qu'au labyrinthe obscur de la théologie?
Origène et Jean Scot sont chez vous sans crédit:
La nature en sait plus qu'ils n'en ont jamais dit.
Écartons ces romans qu'on appelle systèmes;
Et pour nous élever descendons dans nous-mêmes.

PREMIÈRE PARTIE.

Dieu a donné aux hommes les idées de la justice,
et la conscience pour les avertir, comme il
leur a donné tout ce qui leur est nécessaire.
C'est là cette loi naturelle sur laquelle la reli-
gion est fondée; c'est le seul principe qu'on
développe ici. L'on ne parle que de la loi natu-
relle, et non de la religion et de ses augustes
mystères.

Soit qu'un Être inconnu, par lui seul existant,
Ait tiré depuis peu l'univers du néant;

Soit qu'il ait arrangé la matière éternelle,
Qu'elle nage en son sein, ou qu'il règne loin d'elle ;
Que l'âme, ce flambeau souvent si ténébreux,
Cu soit un de nos sens, ou subsiste sans eux :
Vous êtes sous la main de ce maître invisible.

    Mais, du haut de son trône, obscur, inaccessible,
Quel hommage, quel culte exige-t-il de vous ?
De sa grandeur suprême indignement jaloux,
Des louanges, des vœux flattent-ils sa puissance ?
Est-ce le peuple altier conquérant de Bysance,
Le tranquille Chinois, le Tartare indompté,
Qui connait son essence et suit sa volonté ?
Différents dans leurs mœurs, ainsi qu'en leur hommage,
Ils lui font tenir tous un différent langage.
Tous se sont donc trompés. Mais détournons les yeux
De cet impur amas d'imposteurs odieux ;
Et sans vouloir sonder d'un regard téméraire
De la loi des chrétiens l'ineffable mystère,
Sans expliquer en vain ce qui fut révélé,
Cherchons par la raison si Dieu n'a point parlé.

    La nature a fourni d'une main salutaire
Tout ce qui dans la vie à l'homme est nécessaire,
Les ressorts de son âme et l'instinct de ses sens.
Le ciel à ses besoins soumet les éléments.
Dans les plis du cerveau la mémoire habitante
Y peint de la nature une image vivante.
Chaque objet de ses sens prévient la volonté.
Le son dans son oreille est par l'air apporté.
Sans efforts et sans soins son œil voit la lumière.
Sur son Dieu, sur sa fin, sur sa cause première,
L'homme est-il sans secours à l'erreur attaché ?
Quoi ! le monde est visible, et Dieu serait caché ?

Quoi ! le plus grand besoin que j'aie en ma misère
Est le seul qu'en effet je ne puis satisfaire !
Non : le Dieu qui m'a fait ne m'a point fait en vain :
Sur le front des mortels il mit son sceau divin.
Je ne puis ignorer ce qu'ordonna mon maître ;
Il m'a donné sa loi, puisqu'il m'a donné l'être.
Sans doute il a parlé, mais c'est à l'univers :
Il n'a point de l'Égypte habité les déserts ;
Delphes, Délos, Ammon, ne sont pas ses asiles :
Il ne se cacha point aux antres des sibylles.
La morale, uniforme en tout temps, en tout lieu,
A des siècles sans fin parle au nom de ce Dieu.
C'est la loi de Trajan, de Socrate, et la vôtre.
De ce culte éternel la nature est l'apôtre ;
Le bon sens la reçoit, et les remords vengeurs,
Nés de la conscience, en sont les défenseurs ;
Leur redoutable voix partout se fait entendre.
Pensez-vous en effet que ce jeune Alexandre,
Aussi vaillant que vous, mais bien moins modéré,
Teint du sang d'un ami trop inconsidéré,
Ait, pour se repentir, consulté des augures ?
Ils auraient dans leurs eaux lavé ses mains impures ;
Ils auraient à prix d'or absous bientôt le roi.
Sans eux, de la nature il écouta la loi ;
Honteux, désespéré d'un moment de furie,
Il se jugea lui-même indigne de la vie.
Cette loi souveraine, à la Chine, au Japon,
Inspira Zoroastre, illumina Solon.
D'un bout du monde à l'autre elle parle, elle crie :
Adore un Dieu, sois juste, et chéris ta patrie.
Ainsi le froid Lapon crut un Être éternel ;
Il eut de la justice un instinct naturel ;

Et le Nègre vendu sur un lointain rivage
Dans les Nègres encore aima sa noire image.
Jamais un parricide, un calomniateur,
N'a dit tranquillement dans le fond de son cœur :
« Qu'il est beau, qu'il est doux d'accabler l'innocence,
« De déchirer le sein qui nous donna naissance !
« Dieu juste ! Dieu parfait ! que le crime a d'appas ! »
Voilà ce qu'on dirait, mortels, n'en doutez pas,
S'il n'était une loi terrible, universelle,
Que respecte le crime en s'élevant contre elle.
Est-ce nous qui créons ces profonds sentiments ?
Avons-nous fait notre âme ? avons-nous fait nos sens ?
L'or qui naît au Pérou, l'or qui naît à la Chine,
Ont la même nature et la même origine :
L'artisan les façonne, et ne peut les former.
Ainsi l'Être éternel, qui nous daigne animer,
Jeta dans tous les cœurs une même semence.
Le ciel fit la vertu, l'homme en fit l'apparence.
Il peut la revêtir d'imposture et d'erreur ;
Il ne peut la changer ; son juge est dans son cœur.

SECONDE PARTIE.

Réponses aux objections contre les principes d'une
morale universelle. Preuves de cette vérité.

J'ENTENDS avec Cardan Spinosa qui murmure :
Ces remords, me dit-il, ces cris de la nature,
Ne sont que l'habitude, et les illusions
Qu'un besoin mutuel inspire aux nations.
Raisonneur malheureux, ennemi de toi-même,
D'où nous vient ce besoin ? pourquoi l'Être suprême

Mit-il dans notre cœur, à l'intérêt porté,
Un instinct qui nous lie à la société ?
Les lois que nous faisons, fragiles, inconstantes,
Ouvrages d'un moment, sont partout différentes.
Jacob chez les Hébreux put épouser deux sœurs ;
David, sans offenser la décence et les mœurs,
Flatta de cent beautés la te. dresse importune ;
Le pape au vatican n'en peut posséder une.
Là, le père, à son gré, choisit son successeur ;
Ici, l'heureux aîné de tout est possesseur.
Un Polaque à moustache, à la démarche altière,
Peut arrêter d'un mot sa république entière.
L'empereur ne peut rien sans ses chers électeurs.
L'Anglais a du crédit, le pape a des honneurs.
Usages, intérêts, cultes, lois, tout diffère.
Qu'on soit juste, il suffit, le reste est arbitraire.
     Mais tandis qu'on admire et ce juste et ce beau,
Londre immole son roi par la main d'un bourreau.
Du pape Borgia le bâtard sanguinaire
Dans les bras de sa sœur assassine son frère.
Là, le froid Hollandais devient impétueux,
Il déchire en morceaux deux frères vertueux.
Plus loin, la Brinvilliers, dévote avec tendresse,
Empoisonne son père en courant à confesse.
Sous le fer du méchant le juste est abattu.
Hé bien, conclûrez-vous qu'il n'est point de vertu?
Quand des vents du midi les funestes haleines
De semences de mort ont inondé nos plaines,
Direz-vous que jamais le ciel, en son courroux,
Ne laissa la santé séjourner parmi nous?
Tous les divers fléaux dont le poids nous accable,
Du choc des éléments effet inévitable,

Des biens que nous goûtons corrompent la douceur;
Mais tout est passager, le crime, et le malheur.
De nos désirs fougueux la tempête fatale
Laisse au fond de nos cœurs la règle et la morale.
C'est une source pure : en vain dans ses canaux
Les vents contagieux en ont troublé les eaux;
En vain sur sa surface une fange étrangère
Apporte en bouillonnant un limon qui l'altère;
L'homme le plus injuste et le moins policé
S'y contemple aisément quand l'orage est passé.
Tous ont reçu du ciel, avec l'intelligence,
Ce frein de la justice et de la conscience.
De la raison naissante elle est le premier fruit;
Dès qu'on la peut entendre, aussitôt elle instruit :
Contre-poids toujours prompt à rendre l'équilibre
Au cœur plein de désirs, asservi, mais né libre;
Arme que la nature a mise en notre main,
Qui combat l'intérêt par l'amour du prochain.
De Socrate, en un mot, c'est là l'heureux génie :
C'est là ce Dieu secret qui dirigeait sa vie;
Ce Dieu qui jusqu'au bout présidait à son sort,
Quand il but sans pâlir la coupe de la mort.
Quoi! cet esprit divin n'est-il que pour Socrate?
Tout mortel a le sien qui jamais ne le flatte.
Néron cinq ans entiers fut soumis à ses lois;
Cinq ans des corrupteurs il repoussa la voix.
Marc-Aurèle, appuyé sur la philosophie,
Porta ce joug heureux tout le temps de sa vie.
Julien, s'égarant dans sa religion,
Infidèle à la foi, fidèle à la raison,
Scandale de l'Eglise, et des rois le modèle,
Ne s'écarta jamais de la loi naturelle.

On insiste, on me dit : L'enfant dans son berceau
N'est point illuminé par ce divin flambeau ;
C'est l'éducation qui forme ses pensées ;
Par l'exemple d'autrui ses mœurs lui sont tracées ;
Il n'a rien dans l'esprit, il n'a rien dans le cœur ;
De ce qui l'environne il n'est qu'imitateur ;
Il répète les noms de devoir, de justice ;
Il agit en machine ; et c'est par sa nourrice
Qu'il est juif ou païen, fidèle ou musulman,
Vêtu d'un justaucorps, ou bien d'un doliman.

Oui, de l'exemple en nous je sais quel est l'empire.
Il est des sentiments que l'habitude inspire.
Le langage, la mode, et les opinions,
Tous les dehors de l'âme, et ses préventions,
Dans nos faibles esprits sont gravés par nos pères ;
Du cachet des mortels impressions légères.
Mais les premiers ressorts sont faits d'une autre main ;
Leur pouvoir est constant, leur principe est divin.
Il faut que l'enfant croisse, afin qu'il les exerce ;
Il ne les connoît pas sous la main qui le berce.
Le moineau, dans l'instant qu'il a reçu le jour,
Sans plumes dans son nid, peut-il sentir l'amour ?
Le renard en naissant va-t-il chercher sa proie ?
Les insectes changeants qui nous filent la soie,
Les essaims bourdonnants de ces filles du ciel,
Qui pétrissent la cire et composent le miel,
Sitôt qu'ils sont éclos, forment-ils leur ouvrage ?
Tout mûrit par le temps, et s'accroit par l'usage.
Chaque être a son objet, et, dans l'instant marqué,
Il marche vers le but par le ciel indiqué.
De ce but, il est vrai, s'écartent nos caprices.
Le juste quelquefois commet des injustices.

On fuit le bien qu'on aime, on hait le mal qu'on fait.
De soi-même en tout temps quel cœur est satisfait ?
    L'homme (on nous l'a tant dit) est une énigme obscure.
Mais en quoi l'est-il plus que toute la nature ?
Avez-vous pénétré, philosophes nouveaux,
Cet instinct sûr et prompt qui sert les animaux ?
Dans son germe impalpable avez-vous pu connaître
L'herbe qu'on foule aux pieds et qui meurt pour renaître ?
Sur ce vaste univers un grand voile est jeté ;
Mais, dans les profondeurs de cette obscurité,
Si la raison nous luit, qu'avons-nous à nous plaindre ?
Nous n'avons qu'un flambeau, gardons-nous de l'éteindre.
    Quand de l'immensité Dieu peupla les déserts,
Alluma des soleils et souleva des mers :
Demeurez, leur dit-il, dans vos bornes prescrites.
Tous les mondes naissants connurent leurs limites.
Il imposa des lois à Saturne, à Vénus,
Aux seize orbes divers dans nos cieux contenus,
Aux éléments unis dans leur utile guerre,
A la course des vents, aux flèches du tonnerre,
A l'animal qui pense et né pour l'adorer,
Au ver qui nous attend, né pour nous dévorer.
Aurons-nous bien l'audace, en nos faibles cervelles,
D'ajouter nos décrets à ces lois immortelles ?
Hélas ! serait-ce à nous, fantômes d'un moment,
Dont l'être imperceptible est voisin du néant,
De nous mettre à côté du maître du tonnerre,
Et de donner en dieux des ordres à la terre ?

TROISIÈME PARTIE.

Que les hommes, ayant pour la plupart défiguré,
    par les opinions qui les divisent, le principe
    de la religion naturelle qui les unit, doivent
    se supporter les uns les autres.

L'UNIVERS est un temple où siége l'Éternel.
Là chaque homme à son gré veut bâtir un autel.
Chacun vante sa foi, ses saints et ses miracles,
Le sang de ses martyrs, la voix de ses oracles.
L'un pense, en se lavant cinq ou six fois par jour,
Que le ciel voit ses bains d'un regard plein d'amour,
Et qu'avec un prépuce on ne saurait lui plaire;
L'autre a du dieu Brama désarmé la colère,
Et, pour s'être abstenu de manger du lapin,
Voit le ciel entr'ouvert et des plaisirs sans fin.
Tous traitent leurs voisins d'impurs et d'infidèles.
Des chrétiens divisés les infâmes querelles
Ont, au nom du Seigneur, apporté plus de maux,
Répandu plus de sang, creusé plus de tombeaux,
Que le prétexte vain d'une utile balance
N'a désolé jamais l'Allemagne et la France.
Un doux inquisiteur, un crucifix en main,
Au feu par charité fait jeter son prochain,
Et, pleurant avec lui d'une fin si tragique,
Prend, pour s'en consoler, son argent qu'il s'applique.
Tandis que, de la grâce ardent à se toucher,
Le peuple, en louant Dieu, danse autour du bûcher.
On vit plus d'une fois, dans une sainte ivresse,
Plus d'un bon catholique, au sortir de la messe,

Courant sur son voisin, pour l'honneur de la foi,
Lui crier, *meurs, impie, ou pense comme moi.*
Calvin et ses suppôts, guettés par la justice,
Dans Paris, en peinture, allèrent au supplice.
Servet fut en personne immolé par Calvin.
Si Servet dans Genève eût été souverain,
Il eût, pour argument contre ses adversaires,
Fait serrer d'un lacet le cou des Trinitaires.
Ainsi d'Erminius les ennemis nouveaux
En Flandre étaient martyrs, en Hollande bourreaux.

    D'où vient que deux cents ans cette pieuse rage
De nos aïeux grossiers fut l'horrible partage?
C'est que de la nature on étouffa la voix;
C'est qu'à sa loi sacrée on ajouta des lois;
C'est que l'homme, amoureux de son sot esclavage,
Fit, dans ses préjugés, Dieu même à son image.
Nous l'avons fait injuste, emporté, vain, jaloux,
Séducteur, inconstant, barbare comme nous.

    Enfin, grâce en nos jours à la philosophie,
Qui de l'Europe au moins éclaire une partie,
Les mortels plus instruits en sont moins inhumains.
Le fer est émoussé, les bûchers sont éteints.
Mais si le fanatisme était encor le maître,
Que ces feux étouffés seraient prompts à renaître!
On s'est fait, il est vrai, le généreux effort
D'envoyer moins souvent ses frères à la mort;
On brûle moins d'Hébreux dans les murs de Lisbonne;
Et même le moublti, qui rarement raisonne,
Ne dit plus aux chrétiens que le sultan soumet:
Renonce au vin, barbare, et crois à Mahomet.
Mais du beau nom de chien ce moublti nous honore;
Dans le fond des enfers il nous envoie encore.

Nous le lui rendons bien : nous damnons à la fois
Le peuple circoncis, vainqueur de tant de rois,
Londre, Berlin, Stockholm, et Genève; et vous-même,
Vous êtes, ô grand roi! compris dans l'anathème.
En vain, par des bienfaits signalant vos beaux jours,
A l'humaine raison vous donnez des secours,
Aux beaux-arts des palais, aux pauvres des asiles,
Vous peuplez les déserts, vous les rendez fertiles:
De fort savants esprits jurent sur leur salut
Que vous êtes sur terre un fils de Belzébut.
    Les vertus des païens étaient, dit-on, des crimes.
Rigueur impitoyable! odieuses maximes!
Gazetier clandestin, dont la plate âcreté
Damne le genre humain de pleine autorité,
Tu vois d'un œil ravi les mortels tes semblables
Pétris des mains de Dieu pour le plaisir des diables.
N'es-tu pas satisfait de condamner au feu
Nos meilleurs citoyens, Montaigne et Montesquieu?
Penses-tu que Socrate et le juste Aristide,
Solon, qui fut des Grecs et l'exemple et le guide;
Penses-tu que Trajan, Marc-Aurèle, Titus,
Noms chéris, noms sacrés, que tu n'as jamais lus,
Aux fureurs des démons sont livrés en partage
Par le Dieu bienfaisant dont ils étaient l'image;
Et que tu seras, toi, de rayons couronné,
D'un chœur de chérubins au ciel environné,
Pour avoir quelque temps, chargé d'une besace,
Dormi dans l'ignorance et croupi dans la crasse?
Sois sauvé, j'y consens : mais l'immortel Newton,
Mais le savant Leibnitz, et le sage Addisson,
Et ce Locke, en un mot, dont la main courageuse
A de l'esprit humain posé la borne heureuse;

Ces esprits, qui semblaient de Dieu même éclairés,
Dans des feux éternels seront-ils dévorés?
Porte un arrêt plus doux, prends un ton plus modeste,
Ami, ne préviens point le jugement céleste;
Respecte ces mortels, pardonne à leur vertu :
Ils ne t'ont point damné, pourquoi les damnes-tu?
A la religion discrètement fidèle,
Sois doux, compatissant, sage, indulgent comme elle;
Et sans noyer autrui songe à gagner le port :
La clémence a raison, et la colère a tort.
Dans nos jours passagers de peines, de misères,
Enfants du même Dieu, vivons du moins en frères :
Aidons-nous l'un et l'autre à porter nos fardeaux.
Nous marchons tous courbés sous le poids de nos maux;
Mille ennemis cruels assiégent notre vie,
Toujours par nous maudite, et toujours si chérie :
Notre cœur égaré, sans guide et sans appui,
Est brûlé de désirs, ou glacé par l'ennui.
Nul de nous n'a vécu sans connaître les larmes.
De la société les secourables charmes
Consolent nos douleurs au moins quelques instants :
Remède encore trop faible à des maux si constants!
Ah! n'empoisonnons pas la douceur qui nous reste.
Je crois voir des forçats dans un cachot funeste,
Se pouvant secourir, l'un sur l'autre acharnés,
Combattre avec les fers dont ils sont enchaînés.

QUATRIÈME PARTIE.

C'est au Gouvernement à calmer les malheureuses
disputes de l'école qui troublent la société.

Oui, je l'entends souvent de votre bouche auguste,
Le premier des devoirs, sans doute, est d'être juste;
Et le premier des biens est la paix de nos cœurs.
Comment avez-vous pu, parmi tant de docteurs,
Parmi ces différends que la dispute enfante,
Maintenir dans l'Etat une paix si constante?
D'où vient que les enfants de Calvin, de Luther,
Qu'on croit de-là les monts bâtards de Lucifer,
Le Grec, et le Romain, l'empesé quiétiste,
Le quakre au grand chapeau, le simple anabaptiste,
Qui jamais dans leur loi n'ont pu se réunir,
Sont tous, sans disputer, d'accord pour vous bénir?
C'est que vous êtes sage, et que vous êtes maître.
Si le dernier Valois, hélas! avait su l'être,
Jamais un Jacobin, guidé par son prieur,
De Judith et d'Aod fervent imitateur,
N'eût tenté dans Saint-Cloud sa funeste entreprise :
Mais Valois aiguisa le poignard de l'Eglise,
Ce poignard qui bientôt égorgea dans Paris,
Aux yeux de ses sujets, le plus grand des Henris.
Voilà le fruit affreux des pieuses querelles.
Toutes les factions à la fin sont cruelles;
Pour peu qu'on les soutienne, on les voit tout oser :
Pour les anéantir, il les faut mépriser.
Qui conduit des soldats peut gouverner des prêtres.
Un roi dont la grandeur éclipsa ses ancêtres

Crut pourtant, sur la foi d'un confesseur normand,
Jansénius à craindre, et Quesnel important;
Du sceau de sa grandeur il chargea leurs sottises.
De la dispute alors cent cabales éprises,
Cent bavards en fourrure, avocats, bacheliers,
Colporteurs, capucins, jésuites, cordeliers,
Troublèrent tout l'État par leurs doctes scrupules ?
Le régent, plus sensé, les rendit ridicules;
Dans la poussière alors on les vit tous rentrer.
      L'œil du maître suffit, il peut tout opérer.
L'heureux cultivateur des présents de Pomone,
Des filles du printemps, des trésors de l'automne,
Maître de son terrain, ménage aux arbrisseaux
Les secours du soleil, de la terre et des eaux;
Par de légers appuis soutient leurs bras débiles,
Arrache impunément les plantes inutiles ;
Et des arbres touffus, dans son clos renfermés,
Émonde les rameaux de la séve affamés.
Son docile terrain répond à sa culture,
Ministre industrieux des lois de la nature,
Il n'est pas traversé dans ses heureux desseins ;
Un arbre qu'avec peine il planta de ses mains
Ne prétend pas le droit de se rendre stérile;
Et, du sol épuisé tirant un suc utile,
Ne va pas refuser à son maître affligé
Une part de ses fruits dont il est trop chargé.
Un jardinier voisin n'eut jamais la puissance
De diriger des cieux la maligne influence,
De maudire ses fruits pendants aux espaliers,
Et de sécher d'un mot sa vigne et ses figuiers.
Malheur aux nations dont les lois opposées
Embrouillent de l'État les rênes divisées !

6.

Le sénat des Romains, ce conseil de vainqueurs,
Présidait aux autels et gouvernait les mœurs;
Restreignait sagement le nombre des vestales;
D'un peuple extravagant réglait les bacchanales.
Marc-Aurèle et Trajan mêlaient, au champ de Mars,
Le bonnet de pontife au bandeau des Césars :
L'univers, reposant sous leur heureux génie,
Des guerres de l'école ignora la manie.
Ces grands législateurs, d'un saint zèle enivrés,
Ne combattirent point pour leurs poulets sacrés.
Rome, encore aujourd'hui conservant ces maximes,
Joint le trône à l'autel par des nœuds légitimes;
Ses citoyens en paix, sagement gouvernés,
Ne sont plus conquérants, et sont plus fortunés.
    Je ne demande pas que dans sa capitale
Un roi, portant en main la crosse épiscopale,
Au sortir du conseil allant en mission,
Donne au peuple contrit sa bénédiction;
Toute église a ses lois, tout peuple a son usage :
Mais je prétends qu'un roi, que son devoir engage
A maintenir la paix, l'ordre, la sûreté,
Ait sur tous ses sujets égale autorité :
Ils sont tous ses enfants : cette famille immense
Dans ses soins paternels a mis sa confiance.
Le marchand, l'ouvrier, le prêtre, le soldat,
Sont tous également les membres de l'État.
De la religion l'appareil nécessaire
Confond aux yeux de Dieu le grand et le vulgaire;
Et les civiles lois, par un autre lien,
Ont confondu le prêtre avec le citoyen.
La loi dans tout État doit être universelle;
Les mortels, quels qu'ils soient, sont égaux devant elle.

Je n'en dirai pas plus sur ces points délicats;
Le ciel ne m'a point fait pour régir les Etats,
Pour conseiller les rois, pour enseigner les sages;
Mais, du port où je suis, contemplant les orages,
Dans cette heureuse paix où je finis mes jours,
Eclairé par vous-même, et plein de vos discours,
De vos nobles leçons salutaire interprète,
Mon esprit suit le vôtre, et ma voix vous répète.

Que conclure à la fin de tous mes longs propos?
C'est que les préjugés sont la raison des sots;
Il ne faut pas pour eux se déclarer la guerre :
Le vrai nous vient du ciel, l'erreur vient de la terre;
Et parmi les chardons qu'on ne peut arracher,
Dans les sentiers secrets le sage doit marcher.
La paix enfin, la paix, que l'on trouble et qu'on aime,
Est d'un prix aussi grand que la vérité même.

PRIÈRE.

O Dieu qu'on méconnaît, ô Dieu que tout annonce,
Entends les derniers mots que ma bouche prononce.
Si je me suis trompé, c'est en cherchant ta loi :
Mon cœur peut s'égarer, mais il est plein de toi.
Je vois sans m'alarmer l'éternité paraître;
Et je ne puis penser qu'un Dieu qui m'a fait naître,
Qu'un Dieu qui sur mes jours versa tant de bienfaits,
Quand mes jours sont éteints, me tourmente à jamais.

FIN DU POEME SUR LA LOI NATURELLE.

POËME

SUR LE DÉSASTRE

DE LISBONNE.

PRÉFACE.

Si jamais la question du mal physique a mérité l'attention de tous les hommes, c'est dans ces événements funestes qui nous rappellent à la contemplation de notre faible nature ; comme les pestes générales qui ont enlevé le quart des hommes dans le monde connu, le tremblement de terre qui engloutit quatre cent mille personnes à la Chine, en 1699, celui de Lima et de Callao ; et, en dernier lieu, celui du Portugal, et du royaume de Fez. L'axiome *tout est bien* paraît un peu étrange à ceux qui sont les témoins de ces désastres. Tout est arrangé, tout est ordonné, sans doute, par la Providence ; mais il n'est que trop sensible que tout depuis long-temps n'est pas arrangé pour notre bien-être présent.

Lorsque l'illustre Pope donna son *Essai sur l'homme*, et qu'il développa dans ses vers immortels les systèmes de Leibnitz, du lord Shaftesburi, et du lord Bolingbroke, une foule de théologiens de toutes les communions attaqua ce système. On se révoltait contre cet axiome nouveau, que *tout est bien*, que *l'homme jouit de la seule mesure de bonheur dont son être soit susceptible*, etc... Il y a toujours un sens dans lequel on peut condamner un écrit, et un sens dans lequel on peut l'approuver. Il serait bien plus raisonnable de ne faire attention qu'aux beautés utiles d'un ouvrage, et de n'y point chercher un sens odieux : mais c'est une des imperfections de notre nature, d'interpréter malignement tout ce qui peut être interprété, et de vouloir décrier tout ce qui a eu du succès.

On crut donc voir dans cette proposition, *tout est bien,* le renversement du fondement des idées reçues. Si tout est bien, disait-on, il est donc faux que la nature humaine soit déchue. Si l'ordre général exige que tout soit comme il est, la nature humaine n'a donc pas été corrompue, elle n'a donc pas eu besoin de rédempteur. Si ce monde, tel qu'il est, est le meilleur des mondes possibles, on ne peut donc pas espérer un avenir plus heureux. Si tous les maux dont nous sommes accablés sont un bien général, toutes les nations policées ont donc eu tort de rechercher l'origine du mal physique et du mal moral. Si un homme mangé par les bêtes féroces fait le bien-être de ces bêtes et contribue à l'ordre du monde ; si les malheurs de tous les particuliers ne sont que la suite de cet ordre général et nécessaire, nous ne sommes donc que des roues qui servent à faire jouer la grande machine ; nous ne sommes pas plus précieux aux yeux de Dieu que les animaux qui nous dévorent.

Voilà les conclusions qu'on tirait du poëme de M. Pope ; et ces conclusions mêmes augmentaient encore la célébrité et le succès de l'ouvrage. Mais on devait l'envisager sous un autre aspect. Il fallait considérer le respect pour la Divinité, la résignation qu'on doit à ses ordres suprêmes, la saine morale, la tolérance, qui sont l'âme de cet excellent écrit. C'est ce que le public a fait; et l'ouvrage, ayant été traduit par des hommes dignes de le traduire, a triomphé d'autant plus des critiques, qu'elles roulaient sur des matières plus délicates.

C'est le propre des censures violentes d'accréditer les opinions qu'elles attaquent. On crie contre un livre parce qu'il réussit, on lui impute des erreurs. Qu'arrive-t-il? les hommes, révoltés contre ces écrits, prennent pour des vérités les erreurs mêmes que ces critiques ont cru apercevoir. La censure élève des fantômes pour les combattre, et les lecteurs indignés embrassent ces fantômes.

Les critiques ont dit: *Leibnitz, Pope, enseignent le fatalisme*; et les partisans de Leibnitz et de Pope ont dit: *Si Leibnitz et Pope enseignent le fatalisme, ils ont donc raison; et c'est à cette fatalité invincible qu'il faut croire.*

Pope avait dit, *tout est bien*, en un sens qui était très-recevable; et ils le disent aujourd'hui en un sens qui peut être combattu.

L'auteur du Poëme sur le Désastre de Lisbonne ne combat point l'illustre Pope, qu'il a toujours admiré et aimé; il pense comme lui sur presque tous les points: mais, pénétré des malheurs des hommes, il s'élève contre les abus qu'on peut

faire de cet ancien axiome, *tout est bien*. Il adopte
cette triste et plus ancienne vérité reconnue de
tous les hommes, *qu'il y du mal sur la terre*; il
avoue que le mot *tout est bien*, pris dans un sens
absolu, et sans l'espérance d'un avenir, n'est
qu'une insulte aux douleurs de notre vie.

Si, lorsque Lisbonne, Méquinez, Tétuan, et
tant d'autres villes furent englouties avec un si
grand nombre de leurs habitants au mois de no-
vembre 1755, des philosophes avaient crié aux
malheureux qui échappaient à peine des ruines :
*Tout est bien; les héritiers des morts augmenteront
leurs fortunes; les maçons gagneront de l'argent à
rebâtir des maisons; les bêtes se nourriront des ca-
davres enterrés dans les débris; c'est l'effet nécessaire
des causes nécessaires; votre mal particulier n'est
rien, vous contribuez au bien général :* un tel dis-
cours certainement eût été aussi cruel que le trem-
blement de terre a été funeste; et voilà ce que dit
l'auteur du Poëme sur le Désastre de Lisbonne.

Il avoue donc avec toute la terre qu'il y a du
mal sur la terre, ainsi que du bien; il avoue
qu'aucun philosophe n'a pu jamais expliquer l'ori-
gine du mal moral et du mal physique; il avoue
que Bayle, le plus grand dialecticien qui ait jamais
écrit, n'a fait qu'apprendre à douter, et qu'il se
combat lui-même; il avoue qu'il y a autant de fai-
blesses dans les lumières de l'homme que de mi-
sères dans sa vie. Il expose tous les systèmes en
peu de mots. Il dit que la révélation seule peut

dénouer ce grand nœud que tous les philosophes ont embrouillé; il dit que l'espérance d'un développement de notre être, dans un nouvel ordre de choses, peut seule consoler des malheurs présents, et que la bonté de la Providence èst le seul asile auquel l'homme puisse recourir dans les ténèbres de sa raison, et dans les calamités de sa nature faible et mortelle.

P. S. Il est toujours malheureusement nécessaire d'avertir qu'il faut distinguer les objections que se fait un auteur de ses réponses aux objections, et ne pas prendre ce qu'il réfute pour ce qu'il adopte.

POËME

SUR

LE DÉSASTRE DE LISBONNE,

OU

EXAMEN DE CET AXIOME:

TOUT EST BIEN.

O MALHEUREUX mortels, ô terre déplorable!
O de tous les fléaux assemblage effroyable!
D'inutiles douleurs éternel entretien!
Philosophes trompés, qui criez tout est bien,
Accourez, contemplez ces ruines affreuses,
Ces débris, ces lambeaux, ces cendres malheureuses,
Ces femmes, ces enfants l'un sur l'autre entassés,
Sous ces marbres rompus ces membres dispers's;
Cent mille infortunés que la terre dévore,
Qui sanglants, déchirés, et palpitants encore,
Enterrés sous leurs toits, terminent sans secours,
Dans l'horreur des tourments, leurs lamentables jours.
Aux cris demi-formés de leurs voix expirantes,
Au spectacle effrayant de leurs cendres fumantes,
Direz-vous : C'est l'effet des éternelles lois
Qui d'un Dieu libre et bon nécessitent le choix?
Direz-vous, en voyant cet amas de victimes:
Dieu s'est vengé, leur mort est le prix de leurs crimes?

Quel crime, quelle faute ont commis ces enfants,
Sur le sein maternel écrasés et sanglants ?
Lisbonne qui n'est plus eut-elle plus de vices
Que Londres, que Paris, plongés dans les délices ?
Lisbonne est abîmée, et l'on danse à Paris !
Tranquilles spectateurs, intrépides esprits,
De vos frères mourants contemplant les naufrages,
Vous recherchez en paix les causes des orages ;
Mais du sort ennemi quand vous sentez les coups,
Devenus plus humains, vous pleurez comme nous.

    Croyez-moi, quand la terre entr'ouvre ses abîmes,
Ma plainte est innocente, et mes cris légitimes.
Partout environnés des cruautés du sort,
Des fureurs des méchants, des piéges de la mort,
De tous les éléments éprouvant les atteintes,
Compagnons de nos maux, permettez-nous les plaintes.
C'est l'orgueil, dites-vous, l'orgueil séditieux,
Qui prétend qu'étant mal, nous pouvions être mieux.
Allez interroger les rivages du Tage ;
Fouillez dans les débris de ce sanglant ravage ;
Demandez aux mourants dans ce séjour d'effroi
Si c'est l'orgueil qui crie : O ciel, secourez-moi !
O ciel, ayez pitié de l'humaine misère !
Tout est bien, dites-vous, et tout est nécessaire.
Quoi ! l'univers entier, sans ce gouffre infernal,
Sans engloutir Lisbonne, eût-il été plus mal ?
Êtes-vous assurés que la cause éternelle
Qui fait tout, qui sait tout, qui créa tout pour elle,
Ne pouvait nous jeter dans ces tristes climats
Sans former des volcans allumés sous nos pas ?
Borneriez-vous ainsi la suprême puissance ?
Lui défendriez-vous d'exercer sa clémence ?

L'éternel artisan n'a-t-il pas dans ses mains
Des moyens infinis tout prêts pour ses desseins ?
Je désire humblement, sans offenser mon maître,
Que ce gouffre enflammé de soufre et de salpêtre
Eût allumé ces feux dans le fond des déserts.
Je respecte mon Dieu, mais j'aime l'univers :
Quand l'homme ose gémir d'un fléau si terrible,
Il n'est point orgueilleux, hélas ! il est sensible.

    Les tristes habitants de ces bords désolés
Dans l'horreur des tourments seraient-ils consolés,
Si quelqu'un leur disait : *Tombes, mourez tranquilles,*
Pour le bonheur du monde on détruit vos asiles ;
D'autres mains vont bâtir vos palais embrasés ;
D'autres peuples naîtront dans vos murs écrasés ;
Le Nord va s'enrichir de vos pertes fatales ;
Tous vos maux sont un bien dans les lois générales ;
Dieu vous voit du même œil que les vils vermisseaux
Dont vous serez la proie au fond de vos tombeaux !
A des infortunés quel horrible langage !
Cruels, à mes douleurs n'ajoutez point l'outrage.

    Non, ne présentez plus à mon cœur agité
Ces immuables lois de la nécessité,
Cette chaîne des corps, des esprits et des mondes.
O rêves de savants ! ô chimères profondes !
Dieu tient en main la chaîne, et n'est point enchaîné ;
Par son choix bienfaisant tout est déterminé :
Il est libre, il est juste, il n'est point implacable :
Pourquoi donc souffrons-nous sous un maître équitable ?
Voilà le nœud fatal qu'il fallait délier.
Guérirez-vous nos maux en osant les nier ?
Tous les peuples tremblants sous une main divine
Du mal que vous niez ont cherché l'origine.

Si l'éternelle loi qui meut les éléments
Fait tomber les rochers sous les efforts des vents;
Si les chênes touffus par la foudre s'embrasent,
Ils ne ressentent point les coups qui les écrasent.
Mais je vis, mais je sens, mais mon cœur opprimé
Demande des secours au Dieu qui l'a formé.

Enfants du Tout-Puissant, mais nés dans la misère,
Nous étendons les mains vers notre commun père.
Le vase, on le sait bien, ne dit point au potier:
Pourquoi suis-je si vil, si faible et si grossier?
Il n'a point la parole, il n'a point la pensée;
Cette urne en se formant, qui tombe fracassée,
De la main du potier ne reçut point un cœur
Qui désirât les biens et sentît son malheur.
Ce malheur, dites-vous, est le bien d'un autre être.
De mon corps tout sanglant mille insectes vont naître;
Quand la mort met le comble aux maux que j'ai soufferts,
Le beau soulagement d'être mangé des vers!
Tristes calculateurs des misères humaines,
Ne me consolez point, vous aigrissez mes peines;
Et je ne vois en vous que l'effort impuissant
D'un fier infortuné qui feint d'être content.

Je ne suis du grand *Tout* qu'une faible partie:
Oui; mais les animaux condamnés à la vie,
Tous les êtres sentants, nés sous la même loi,
Vivent dans la douleur et meurent comme moi.

Le vautour acharné sur sa timide proie
De ses membres sanglants se repaît avec joie:
Tout semble bien pour lui; mais bientôt à son tour,
Une aigle au bec tranchant dévore le vautour.
L'homme d'un plomb mortel atteint cette aigle altière;
Et l'homme, aux champs de Mars couché sur la poussière,

Sanglant, percé de coups, sur un tas de mourants,
Sert d'aliment affreux aux oiseaux dévorants.
Ainsi du monde entier tous les membres gémissent;
Nés tous pour les tourments, l'un par l'autre ils périssent;
Et vous composerez, dans ce chaos fatal,
Des malheurs de chaque être un bonheur général!
Quel bonheur! ô mortel, et faible, et misérable!
Vous criez, *Tout est bien*, d'une voix lamentable:
L'univers vous dément, et votre propre cœur
Cent fois de votre esprit a réfuté l'erreur.

Éléments, animaux, humains, tout est en guerre.
Il le faut avouer, le mal est sur la terre:
Son principe secret ne nous est point connu.
De l'auteur de tout bien le mal est-il venu?
Est-ce le noir Typhon, le barbare Arimane
Dont la loi tyrannique à souffrir nous condamne?
Mon esprit n'admet point ces monstres odieux
Dont le monde en tremblant fit autrefois des dieux.

Mais comment concevoir un Dieu, la bonté même,
Qui prodigua ses biens à ses enfants qu'il aime,
Et qui versa sur eux les maux à pleines mains?
Quel œil peut pénétrer dans ses profonds desseins?
De l'Être tout parfait le mal ne pouvait naître:
Il ne vient point d'autrui, puisque Dieu seul est maître,
Il existe pourtant. O tristes vérités!
O mélange étonnant de contrariétés!
Un Dieu vint consoler notre race affligée;
Il visita la terre, et ne l'a point changée!
Un sophiste arrogant nous dit qu'il ne l'a pu;
Il le pouvait, dit l'autre, et ne l'a point voulu:
Il le voudra sans doute; et, tandis qu'on raisonne,
Des foudres souterrains engloutissent Lisbonne,

Et de trente cités dispersent les débris,
Des bords sanglants du Tage à la mer de Cadix.
    Où l'homme est né coupable; et Dieu punit sa race;
Ou ce maître absolu de l'être et de l'espace,
Sans courroux, sans pitié, tranquille, indifférent,
De ses premiers décrets suit l'éternel torrent;
Ou la matière informe, à son maître rebelle,
Porte en soi des défauts nécessaires comme elle;
Ou bien Dieu nous éprouve, et ce séjour mortel
N'est qu'un passage étroit vers un monde éternel.
Nous essuyons ici des douleurs passagères;
Le trépas est un bien qui finit nos misères:
Mais, quand nous sortirons de ce passage affreux,
Qui de nous prétendra mériter d'être heureux?
    Quelque parti qu'on prenne, on doit frémir sans doute.
Il n'est rien qu'on connaisse, et rien qu'on ne redoute.
La nature est muette, on l'interroge en vain.
On a besoin d'un Dieu qui parle au genre humain.
Il n'appartient qu'à lui d'expliquer son ouvrage,
De consoler le faible et d'éclairer le sage.
L'homme au doute, à l'erreur abandonné, sans lui,
Cherche en vain des roseaux qui lui servent d'appui.
Leibnitz ne m'apprend point par quels nœuds invisibles,
Dans le mieux ordonné des univers possibles,
Un désordre éternel, un chaos de malheurs
Mêle à nos vains plaisirs de réelles douleurs;
Ni pourquoi l'innocent, ainsi que le coupable,
Subit également ce mal inévitable.
Je ne conçois pas plus comment tout serait bien:
Je suis comme un docteur; hélas! je ne sais rien.
    Platon dit qu'autrefois l'homme avait eu des ailes,
Un corps impénétrable aux atteintes mortelles,

La douleur, le trépas, n'approchaient point de lui :
De cet état brillant qu'il diffère aujourd'hui !
Il rampe, il souffre, il meurt ; tout ce qui naît expire ;
De la destruction la nature est l'empire.
Un faible composé de nerfs et d'ossements
Ne peut être insensible au choc des éléments ;
Ce mélange de sang, de liqueurs et de poudre,
Puisqu'il fut assemblé, fut fait pour se dissoudre ;
Et le sentiment prompt de ces nerfs délicats
Fut soumis aux douleurs, ministres du trépas :
C'est là ce que m'apprend la voix de la nature.
J'abandonne Platon, je rejette Épicure.
Bayle en sait plus qu'eux tous : je vais le consulter :
La balance à la main, Bayle enseigne à douter.
Assez sage, assez grand pour être sans système,
Il les a tous détruits et se combat lui-même :
Semblable à cet aveugle en butte aux Philistins,
Qui tomba sous les murs abattus par ses mains.
     Que peut donc de l'esprit la plus vaste étendue ?
Rien, le livre du sort se ferme à notre vue.
L'homme, étranger à soi, de l'homme est ignoré.
Que suis-je, où suis-je, où vais-je, et d'où suis-je tiré ?
Atomes tourmentés sur cet amas de boue,
Que la mort engloutit, et dont le sort se joue,
Mais atomes pensants, atomes dont les yeux,
Guidés par la pensée, ont mesuré les cieux ;
Au sein de l'infini nous élançons notre être,
Sans pouvoir un moment nous voir et nous connaître.
     Ce monde, ce théâtre et d'orgueil et d'erreur,
Est plein d'infortunés qui parlent de bonheur.
Tout se plaint, tout gémit en cherchant le bien-être :
Nul ne voudrait mourir, nul ne voudrait renaître.

Quelquefois, dans nos jours consacrés aux douleurs,
Par la main du plaisir nous essuyons nos pleurs.
Mais le plaisir s'envole et passe comme une ombre :
Nos chagrins, nos regrets, nos pertes sont sans nombre.
Le passé n'est pour nous qu'un triste souvenir;
Le présent est affreux, s'il n'est point d'avenir,
Si la nuit du tombeau détruit l'être qui pense.

   Un jour tout sera bien, voilà notre espérance;
Tout est bien aujourd'hui, voilà l'illusion.
Les sages me trompaient, et Dieu seul a raison.
Humble dans mes soupirs, soumis dans ma souffrance,
Je ne m'élève point contre la Providence.
Sur un ton moins lugubre on me vit autrefois
Chanter des doux plaisirs les séduisantes lois.
D'autres temps, d'autres mœurs : instruit par la vieillesse,
Des humains égarés partageant la faiblesse,
Dans une épaisse nuit cherchant à m'éclairer,
Je ne sais que souffrir, et non pas murmurer.

   Un calife autrefois, à son heure dernière,
Au Dieu qu'il adorait dit pour toute prière :
Je t'apporte, ô seul roi, seul être illimité,
Tout ce que tu n'as pas dans ton immensité,
Les défauts, les regrets, les maux, et l'ignorance;
Mais il pouvait encore ajouter l'espérance.

FIN DU POEME SUR LE DÉSASTRE DE LISBONNE.

LE
TEMPLE DU GOUT.

LETTRE

A M. DE CIDEVILLE,

SUR LE TEMPLE DU GOUT.

Monsieur, vous avez vu, et vous pouvez rendre témoignage comment cette bagatelle fut conçue et exécutée. C'était une plaisanterie de société. Vous y avez eu part comme un autre ; chacun fournissait ses idées, et je n'ai guère eu d'autre fonction que celle de les mettre par écrit.

M. de*** disait que c'était dommage que Bayle eût enflé son Dictionnaire de plus de deux cents articles de ministres et de professeurs luthériens ou calvinistes ; qu'en cherchant l'article de César, il n'avait rencontré que celui de Jean Césarius, professeur à Cologne ; et qu'au lieu de Scipion, il avait trouvé six grandes pages sur Gérard Scioppius. De là on concluait, à la pluralité des voix, à réduire Bayle en un seul tome, dans la bibliothèque du Temple du Goût.

Vous m'assuriez tous que vous aviez été assez ennuyés en lisant l'histoire de l'académie française ; que vous vous intéressiez fort peu à tous les détails des ouvrages de Balesdens, de Porchères, de Bardin, de Baudouin, de Faret, de

Colletet, et d'autres pareils grands hommes ; et je
vous en crus sur votre parole. On ajoutait qu'il
n'y a guère aujourd'hui de femmes d'esprit qui
n'écrivent de meilleures lettres que Voiture ; on
disait que Saint-Evremont n'aurait jamais dû faire
des vers, et qu'on ne devait pas imprimer toute sa
prose. C'est le sentiment du public éclairé ; et moi,
qui trouve toujours tous les livres trop longs, et
surtout les miens¹, je réduisais aussitôt tous ces
volumes à très-peu de pages.

Je n'étais en tout cela que le secrétaire du
public ; si ceux qui perdent leur cause se plaignent,
ils ne doivent pas s'adresser à celui qui a écrit
l'arrêt.

Je sais que des politiques ont regardé cette
innocente plaisanterie du Temple du Goût comme
un grave   ils prétendent qu'il n'y a qu'un
malintentionné qui puisse avancer que le château
de Versailles n'a que sept croisées de face sur la
cour, et soutenir que Le Brun, qui était premier
peintre du roi, a manqué de coloris.

Des rigoristes disent qu'il est impie de mettre
des filles de l'Opéra, Lucrèce, et des docteurs de
Sorbonne, dans le Temple du Goût.

Des auteurs, auxquels on n'a point pensé,
crient à la satire, et se plaignent que leurs défauts
sont désignés, et leurs grandes beautés passées
sous silence ; crime irrémissible qu'ils ne pardon-
neront de leur vie ; et ils appellent le Temple du
Goût un libelle diffamatoire.

On ajoute qu'il est d'une âme noire de ne louer personne sans un petit correctif, et que, dans cet ouvrage dangereux, nous n'avons jamais manqué de faire quelque égratignure à ceux que nous avons caressés.

Je répondrai en deux mots à cette accusation : Qui loue tout n'est qu'un flatteur : celui-là seul sait louer, qui loue avec restriction.

Ensuite, pour mettre de l'ordre dans nos idées, comme il convient dans ce siècle éclairé, je dirai qu'il faudrait un peu distinguer entre la *critique*, la *satire*, et le *libelle*.

Dire que le *Traité des Études* est un livre à jamais utile, et que, par cette raison même, il en faut retrancher quelques plaisanteries et quelques familiarités peu convenables à ce sérieux ouvrage : dire que *les Mondes* est un livre charmant et unique, et qu'on est fâché d'y trouver que *le jour est une beauté blonde, et la nuit une beauté brune*, et d'autres petites douceurs : voilà, je crois, de la critique.

Que Despréaux ait écrit :

> .... Pour trouver un auteur sans défaut,
> La raison dit Virgile, et la rime Quinault.

c'est de la satire, et de la satire même assez injuste en tous sens (avec le respect que je lui dois) : car la rime de *défaut* n'est point assez belle pour rimer avec *Quinault*; et il est aussi peu vrai de dire que

Virgile est sans défaut que de dire que Quinault
est sans naturel et sans grâces.

Les *couplets* de Rousseau, le *masque* de La-
verne, et telle autre horreur, certains ouvrages
de Gacon; voilà ce qui s'appelle un *libelle diffa-
matoire.*

Tous les honnêtes gens qui pensent sont *cri-
tiques*; les malins sont *satiriques*; les pervers font
des *libelles*, et ceux qui ont fait avec moi le
Temple du Goût ne sont assurément ni malins ni
méchants.

Enfin voilà ce qui nous amusa pendant plus
de quinze jours. Les idées se succédaient les unes
aux autres; on changeait les soirs quelque
chose, et cela nous a produit sept ou huit Temples
du Goût absolument différents.

Un jour nous y mettions les étrangers; le len-
demain nous n'admettions que les Français. Les
Maffei, les Pope, les Bononcini, ont perdu à cela
plus de cinquante vers, qui ne sont pas fort à
regretter. Quoi qu'il en soit, cette plaisanterie
n'était point du tout faite pour être publique.

Une des plus mauvaises et des plus infidèles
copies d'un des plus négligés brouillons de cette
bagatelle, ayant couru dans le monde, a été im-
primée sans mon aveu; et celui qui l'a donnée,
quel qu'il soit, a très-grand tort.

Peut-être fait-on plus mal encore de donner
cette nouvelle édition : il ne faut jamais prendre
le public pour confident de ses amusements; mais

la sottise est faite, et c'est un cas où l'on ne peut
faire que des fautes.

Voici donc une faute nouvelle ; et le public
aura une petite esquisse (si cela même peut en
mériter le nom) telle qu'elle a été faite dans une
société où l'on savait s'amuser sans la ressource
du jeu, où l'on cultivait les belles-lettres sans
esprit de parti, où l'on aimait la vérité plus que la
satire, et où l'on savait louer sans flatterie.

S'il avait été question de faire un Traité du
Goût, on aurait prié les de Côtes et les Beaufrancs
de parler d'architecture, les Coypels de définir
leur art avec esprit, les Destouches de dire quelles
sont les grâces de la musique, les Crébillons de
peindre la terreur qui doit animer le théâtre : pour
peu que chacun d'eux eût voulu dire ce qu'il
sait, cela aurait fait un gros in-folio ; mais on s'est
contenté de mettre en général les sentiments du
public dans un petit écrit sans conséquence, et je
me suis chargé uniquement de tenir la plume.

Il me reste à dire un mot sur notre jeune no-
blesse, qui emploie l'heureux loisir de la paix à
cultiver les lettres et les arts ; bien différente en
cela des augustes Visigoths leurs ancêtres, qui ne
savaient pas signer leurs noms. S'il y a encore
dans notre nation si polie quelques barbares et
quelques mauvais plaisants qui osent désapprou-
ver des occupations si estimables, on peut assurer
qu'ils en feraient autant, s'ils le pouvaient. Je suis
très-persuadé que, quand un homme ne cultive

8.

point un talent, c'est qu'il ne l'a pas ; qu'il n'y a
personne qui ne fît des vers, s'il était né poëte, et
de la musique, s'il était né musicien.

Il faut seulement que les graves critiques, aux
yeux desquels il n'y a d'amusement honorable
dans le monde que le lansquenet et le biribi,
sachent que les courtisans de Louis XIV, au retour
de la conquête de Hollande , en 1672 , dan-
sèrent à Paris sur le théâtre de Lulli, dans le jeu
de paume de Belleaire, avec les danseurs de l'Opéra,
et que l'on n'osa pas en murmurer : à plus forte
raison doit-on, je crois, pardonner à la jeunesse
d'avoir eu de l'esprit dans un âge où l'on ne con-
naissait que la débauche.

OMNE TULIT PUNCTUM QUI MISCUIT UTILE DULCI.

Je suis , etc.

LE
TEMPLE DU GOUT.

LE cardinal, oracle de la France,
Non ce Mentor qui gouverne aujourd'hui,
Mais ce Nestor qui du Pinde est l'appui,
Qui des savants a passé l'espérance,
Qui les soutient, qui les anime tous,
Qui les éclaire, et qui règne sur nous
Par les attraits de sa douce éloquence;
Ce cardinal qui, sur un nouveau ton,
En vers latins fait parler la sagesse,
Réunissant Virgile avec Platon,
Vengeur du ciel, et vainqueur de Lucrèce:

Ce cardinal enfin, que tout le monde doit re-
connaître à ce portrait, me dit un jour qu'il vou-
lait que j'allasse avec lui au Temple du Goût.
C'est un séjour, me dit-il, qui ressemble au Temple
de l'Amitié, dont tout le monde parle, où peu
de gens vont, et que la plupart de ceux qui y
voyagent n'ont presque jamais bien examiné.

Je répondis avec franchise :
Hélas! je connais assez peu
Les lois de cet aimable dieu;
Mais je sais qu'il vous favorise.
Entre vos mains il a remis
Les clefs de son beau paradis;

Et vous êtes, à mon avis,
Le vrai pape de cette église.
Mais de l'autre pape et de vous
(Dît Rome se mettre en courroux)
La diff'rence est bien visible ;
Car la Sorbonne ose assurer
Que le saint père peut errer,
Chose, à mon sens, assez possible ;
Mais, pour moi, quand je vous entends
D'un ton si doux et si plausible
Débiter vos discours brillants,
Je vous croirais presque infaillible.

Ah ! me dit-il, l'infaillibilité est à Rome pour
les choses qu'on ne comprend point ; et dans le
Temple du Goût, pour les choses que tout le monde
croit entendre. Il faut absolument que vous veniez
avec moi. Mais, insistai-je encore, si vous me
menez avec vous, je m'en vanterai à tout le
monde.

Sur ce petit pèlerinage
Aussitôt on demandera
Que je compose un gros ouvrage :
Voltaire simplement fera
Un récit court qui ne sera
Qu'un très-frivole badinage.
Mais son récit on frondera ;
A la cour on murmurera ;
Et dans Paris on me prendra
Pour un vieux conteur de voyage,
Qui vous dit d'un air ingénu

Ce qu'il n'a ni vu ni connu,
Et qui vous ment à chaque page.

Cependant, comme il ne faut jamais se refuser un plaisir honnête, dans la crainte de ce que les autres en pourront penser, je suivis le guide qui me faisait l'honneur de me conduire.

Cher Rothelin, vous fûtes du voyage,
Vous que le goût ne cesse d'inspirer ;
Vous dont l'esprit si délicat, si sage,
Vous dont l'exemple a daigné me montrer
Par quels chemins on peut, sans s'égarer,
Chercher ce goût, ce dieu que dans cet âge
Maints beaux esprits font gloire d'ignorer.

Nous rencontrâmes en chemin bien des obstacles. D'abord nous trouvâmes MM. Baldus, Scioppius, Lexicocrassus, Scriblerius ; une nuée de commentateurs qui restituaient des passages, et qui compilaient de gros volumes à propos d'un mot qu'ils n'entendaient pas.

Là j'aperçus les Daciers ; les Saumaises,
Gens hérissés de savantes fadaises,
Le teint jauni, les yeux rouges et secs,
Le dos courbé sous un tas d'auteurs grecs,
Tout noircis d'encre, et coiffés de poussière.
Je leur criai de loin par la portière :
N'allez-vous pas dans le Temple du Goût
Vous décrasser ? Nous, messieurs ? point du tout ;
Ce n'est pas là, grâce au ciel, notre étude ;
Le goût n'est rien : nous avons l'habitude

De rédiger au long de point en point
Ce qu'on pensa ; mais nous ne pensons point.

Après cet aveu ingénu, ces messieurs voulurent
absolument nous faire lire certains passages de
Dictys de Crète et de Métrodore de Lampsaque,
que Scaliger avait estropiés. Nous les remerciâmes
de leur courtoisie, et nous continuâmes notre
chemin. Nous n'eûmes pas fait cent pas, que nous
trouvâmes un homme entouré de peintres, d'ar-
chitectes, de sculpteurs, de doreurs, de faux con-
naisseurs, de flatteurs. Ils tournaient le dos au
Temple du Goût.

D'un air content l'orgueil se reposait,
Se pavanait sur son large visage,
Et mon Crassus tout en ronflant disait :
J'ai beaucoup d'or, de l'esprit davantage ;
Du goût, messieurs, j'en suis pourvu surtout ;
Je n'appris rien, je me connais à tout :
Je suis un aigle en conseil, en affaires ;
Malgré les vents, les rocs et les corsaires,
J'ai dans le port fait aborder ma nef :
Partant il faut qu'on me bâtisse en bref
Un beau palais, fait pour moi, c'est tout dire,
Où tous les arts soient en foule entassés ;
Où tout le jour je prétends qu'on m'admire.
L'argent est prêt, je parle, obéissez.
Il dit, et dort. Aussitôt la canaille
Autour de lui s'évertue et travaille.
Certain maçon, en Vitruve érigé,
Lui trace un plan d'ornements surchargé.
Nul vestibule, encor moins de façade ;

Mais vous aurez une longue enfilade ;
Vos murs seront de deux doigts d'épaisseur ;
Grands cabinets, salon sans profondeur ;
Petits trumeaux, fenêtres à ma guise,
Que l'on prendra pour des portes d'église,
Le tout boisé, verni, blanchi, doré,
Et des badauds à coup sûr admiré.
   Réveillez-vous, monseigneur, je vous prie,
Criait un peintre ; admirez l'industrie
De mes talents ; Raphaël n'a jamais
Entendu l'art d'embellir un palais.
C'est moi qui sais ennoblir la nature :
Je couvrirai plafonds, voûte, voussure,
Par cent magots travaillés avec soin,
D'un pouce ou deux, pour être vus de loin.
   Crassus s'éveille ; il regarde, il rédige ;
A tort, à droit, règle, approuve, corrige.
A ses côtés un petit curieux,
Lorgnette en main, disait : Tournez les yeux ;
Voyez ceci, c'est pour votre chapelle ;
Sur ma parole achetez ce tableau :
C'est Dieu le Père, en sa gloire éternelle,
Peint galamment dans le goût du Vatteau.
   Et cependant un fripon de libraire,
Des beaux esprits écumeur mercenaire,
Tout Bellegarde à ses yeux étalait,
Gacon, Le Noble, et jusqu'à Desfontaines ;
Recueils nouveaux, et journaux à centaines ;
Et monseigneur voulait lire, et bâillait.

Je crus en être quitte pour ce petit retardement,
et que nous allions arriver au Temple sans autre

mauvaise fortune ; mais la route est plus dange-
reuse que je ne pensais. Nous trouvâmes bientôt
une nouvelle embuscade.

> Tel un dévot infatigable,
> Dans l'étroit chemin du salut,
> Est cent fois tenté par le diable
> Avant d'arriver à son but.

C'était un concert que donnait un homme de
robe, fou de la musique qu'il n'avait jamais ap-
prise, et encore plus fou de la musique italienne.
qu'il ne connaissait que par de mauvais airs in-
connus à Rome, et estropiés en France par quel-
ques filles de l'Opéra.

Il faisait exécuter alors un long récitatif fran-
çais, mis en musique par un Italien qui ne savait
pas notre langue. En vain on lui remontra que cette
espèce de musique, qui n'est qu'une déclamation
notée, est nécessairement asservie au génie de la
langue, et qu'il n'y a rien de si ridicule que des
scènes françaises chantées à l'italienne, si ce n'est
de l'italien chanté dans le goût français.

> La nature féconde, ingénieuse et sage,
> Par ses dons partagés ornant cet univers,
> Parle à tous les humains, mais sur des tons divers ;
> Ainsi que son esprit tout peuple a son langage,
> Ses sons et ses accents, à sa voix ajustés,
> Des mains de la nature exactement notés :
> L'oreille heureuse et fine en sent la différence.
> Sur le ton des Français il faut chanter en France.

Aux lois de notre goût Lully sut se ranger ;
Il embellit notre art, au lieu de le changer.

A ces paroles judicieuses, mon homme répondit
en secouant la tête : Venez, venez, dit-il, on va
vous donner du neuf. Il fallut entrer, et voilà
son concert qui commence.

Du grand Lully vingt rivaux fanatiques,
Plus ennemis de l'art et du bon sens,
Défiguraient, sur des tons glapissants,
Des vers français en fredons italiques.
Une bégueule en lorgnant se pâmait ;
Et certain fat, ivre de sa parure,
En se mirant chevrotait, fredonnait ;
Et, de l'index battant faux la mesure,
Criait *bravo* lorsque l'on détonnait.

Nous sortîmes au plus vite ; ce ne fut qu'au
travers de bien des aventures pareilles que nous
arrivâmes enfin au Temple du Goût.

Jadis en Grèce on en posa
Le fondement ferme et durable :
Puis jusqu'au ciel on exhaussa
Le faîte de ce Temple aimable.
L'univers entier l'encensa.
Le Romain, long-temps intraitable,
Dans ce séjour s'apprivoisa.
Le musulman, plus implacable,
Conquit le temple et le rasa.
En Italie on ramassa
Tous les débris que l'infidèle
Avec fureur en dispersa.

Bientôt FRANÇOIS PREMIER osa
En bâtir un sur ce modèle.
Sa postérité méprisa
Cette architecture si belle.
   Richelieu vint, qui répara
Le Temple abandonné par elle.
LOUIS LE GRAND le décora :
Colbert, son ministre fidèle,
Dans ce sanctuaire attira
Des beaux-arts la troupe immortelle.
L'Europe jalouse admira
Ce Temple en sa beauté nouvelle ;
Mais je ne sais s'il durera.
   Je pourrais décrire ce Temple,
Et détailler les ornements
Que le voyageur y contemple ;
Mais n'abusons point de l'exemple
De tant de faiseurs de romans.
Surtout fuyons le verbiage
De monsieur de Félibien,
Qui noie éloquemment un rien
Dans un fatras de beau langage.
Cet édifice précieux
N'est point chargé des antiquailles
Que nos très-gothiques aïeux
 ntassaient autour des murailles
De leurs temples, grossiers comme eux.
Il n'a point les défauts pompeux
De la chapelle de Versaille,
Ce colifichet fastueux,
Qui du peuple éblouit les yeux,
Et dont le connaisseur se raille.

Il est plus aisé de dire ce que ce Temple n'est pas que de faire connaître ce qu'il est. J'ajouterai seulement en général, pour éviter la difficulté :

Simple en était la noble architecture ;
Chaque ornement, à sa place arrêté,
Y semblait mis par la nécessité :
L'art s'y cachait sous l'air de la nature ;
L'œil satisfait embrassait sa structure,
Jamais surpris, et jamais enchanté.

Le Temple était environné d'une foule de virtuoses, d'artistes et de juges de toute espèce, qui s'efforçaient d'entrer, mais qui n'entraient point :

Car la Critique, à l'œil sévère et juste,
Gardant les clefs de cette porte auguste,
D'un bras d'airain fièrement repoussait
Le peuple goth qui sans cesse avançait.

Oh ! que d'hommes considérables, que de gens el air, qui président si impérieusement à de petites sociétés, ne sont point reçus dans ce Temple, malgré les dîners qu'ils donnent aux beaux esprits, et malgré les louanges qu'ils reçoivent dans les journaux !

On ne voit point dans ces pourpris
Les cabales toujours mutines
De ces prétendus beaux esprits
Qu'on vit soutenir dans Paris
Les Pradons et les Scudéris
Contre les immortels écrits
Des Corneilles et des Racines.

On repoussait aussi rudement ces ennemis obs-
curs de tout mérite éclatant, ces insectes de la
société, qui ne sont aperçus que parce qu'ils
piquent. Ils auraient envié également Rocroy au
grand Condé, Denain à Villars, et Polyeucte à
Corneille. Ils auraient exterminé Le Brun pour
avoir fait le tableau de la famille de Darius. Ils
ont forcé le célèbre Le Moine à se tuer pour avoir
fait l'admirable salon d'Hercule. Ils ont toujours
dans les mains la ciguë que leurs pareils firent
boire à Socrate.

L'orgueil les engendra dans les flancs de l'envie.
L'intérêt, le soupçon, l'infâme calomnie,
Et souvent les dévots, monstres plus odieux,
Entr'ouvrent en secret, d'un air mystérieux,
Les portes des palais à leur cabale impie.
C'est là que d'un Midas ils fascinent les yeux.
Un fat leur applaudit, un méchant les appuie.
Le mérite indigné, qui se tait devant eux,
Verse en secret des pleurs que le temps seul essuie.

Ces lâches persécuteurs s'enfuirent en voyant
paraître mes deux guides. Leur fuite précipitée fit
place à un spectacle plus plaisant : c'était une
foule d'écrivains de tout rang, de tout état et de
tout âge, qui grattaient à la porte, et qui priaient
la Critique de les laisser entrer. L'un apportait un
roman mathématique, l'autre une harangue à
l'académie; celui-ci venait de composer une co-
médie métaphysique; celui-là tenait un petit
recueil de ses poésies, imprimé depuis long-temps

incognito, avec une longue approbation et un pri-
vilége. Cet autre venait présenter un mandement
en style précieux, et était tout surpris qu'on se
mît à rire au lieu de lui demander sa bénédiction.
« Je suis le révérend père Albertus Garassus,
« disait un moine noir; je prêche mieux que Bour-
« daloue, car jamais Bourdaloue n'a fait brûler de
« livres; et moi j'ai déclamé avec tant d'éloquence
« contre Pierre Bayle, dans une petite province
« toute pleine d'esprit, j'ai touché tellement les
« auditeurs, qu'il y en eut six qui brûlèrent
« chacun leur Bayle. Jamais l'éloquence n'obtint
« un si beau triomphe. — Allez, frère Garassus,
« lui dit la Critique, allez, barbare, sortez du
« Temple du Goût, sortez de ma présence, visigoth
« moderne, qui avez insulté celui que j'ai inspiré.
« — J'apporte ici *Marie à la Coque*, disait un
« homme fort grave. — Allez souper avec elle,
« répondit la déesse. »

Un raisonneur, avec un fausset aigre,
Criait : Messieurs, je suis ce juge intègre
Qui toujours parle, argue et contredit;
Je viens siffler tout ce qu'on applaudit.
Lors la Critique apparut, et lui dit :
Ami Bardou, vous êtes un grand maître,
Mais n'entrerez en cet aimable lieu;
Vous y venez pour fronder notre dieu;
Contentez-vous de ne le pas connaître.

M. Bardou se mit alors à crier : Tout le monde
est trompé et le sera. Il n'y a point de dieu du

Goût, et voici comme je le prouve. Alors il proposa, il divisa, il subdivisa, il distingua, il résuma; personne ne l'écouta, et l'on s'empressait à la porte plus que jamais.

Parmi les flots de la foule insensée,
De ce parvis obstinément chassée ;
Tout doucement venait La Motte Houdard,
Lequel disait d'un ton de papelard :
Ouvrez, messieurs, c'est mon Œdipe en prose ;
Mes vers sont durs, d'accord, mais forts de chose :
De grâce, ouvrez ; je veux à Despréaux,
Contre les vers, dire avec goût deux mots.

La Critique le reconnut à la douceur de son maintien et à la dureté de ses derniers vers, et elle le laissa quelque temps entre Perrault et Chapelain, qui assiégeaient la porte depuis cinquante ans en criant contre Virgile.

Dans le moment arriva un autre versificateur, soutenu par deux petits satyres, et couvert de lauriers et de chardons.

Je viens, dit-il, pour rire et pour m'ébattre,
Me rigolant, menant joyeux déduit,
Et jusqu'au jour faisant le diable à quatre.

Qu'est-ce que j'entends là? dit la Critique. C'est moi, reprit le rimeur. J'arrive d'Allemagne pour vous voir, et j'ai pris la saison du printemps :

Car les jeunes zéphyrs de leurs chaudes haleines
Ont fondu l'écorce des eaux.

Plus il parlait ce langage, moins la porte s'ouvrait. Quoi! l'on me prend donc, dit-il,

Pour une grenouille aquatique,
Qui du fond d'un petit thorax
Va chantant, pour toute musique,
Brekeke, kek, koax, koax, koax?

Ah, bon dieu! s'écria la Critique; quel horrible jargon! Elle ne put d'abord reconnaître celui qui s'exprimait ainsi. On lui dit que c'était Rousseau, dont les muses avaient changé la voix en punition de ses méchancetés : elle ne pouvait le croire, et refusait d'ouvrir.

Elle ouvrit pourtant en faveur de ses premiers vers; mais elle s'écria:

O vous, messieurs les beaux esprits,
Si vous voulez être chéris
Du dieu de la double montagne,
Et que toujours dans vos écrits
Le dieu du Goût vous accompagne,
Faites tous vos vers à Paris,
Et n'allez point en Allemagne.

Puis, me faisant approcher, elle me dit tout bas : Tu le connais; il fut ton ennemi, et tu lui rends justice.

Tu vis sa muse indifférente,
Entre l'autel et le fagot,
Manier d'une main savante
De David la harpe imposante
Et le flageolet de Marot.

Mais n'imite pas la faiblesse
Qu'il eut de rimer trop long-temps.
Les fruits des rives du Permesse
Ne croissent que dans le printemps ;
Et la froide et triste vieillesse
N'est faite que pour le bon sens.

Après m'avoir donné cet avis, la Critique décida que Rousseau passerait devant La Motte en qualité de versificateur, mais que La Motte aurait le pas toutes les fois qu'il s'agirait d'esprit et de raison.

Ces deux hommes, si différents, n'avoient pas fait quatre pas, que l'un pâlit de colère, et l'autre tressaillit de joie à l'aspect d'un homme qui était depuis long-temps dans ce Temple, tantôt à une place, tantôt à une autre.

C'était le discret Fontenelle,
Qui, par les beaux-arts entouré,
Répandait sur eux à son gré
Une clarté douce et nouvelle.
D'une planète, à tire d'aile,
En ce moment il revenait
Dans ces lieux où le Goût tenait
Le siége heureux de son empire.
Avec Quinault il badinait ;
Avec Mairan il raisonnait ;
D'une main légère il prenait
Le compas, la plume et la lyre.

Eh quoi ! cria Rousseau, je verrai ici cet homme contre qui j'ai fait tant d'épigrammes ! Quoi ! le bon Goût souffrira dans son Temple l'auteur des *Lettres du Ch. d'Her......*, d'une *Passion d'automne*, d'un *Clair de lune*, d'un *Ruisseau amant de la prairie*, de la tragédie d'*Aspar*, d'*Endymion*, etc.! Hé non, dit la Critique, ce n'est pas l'auteur de tout cela que tu vois : c'est celui des *Mondes*, livre qui aurait dû t'instruire ; de *Thétis* et de *Pélée*, opéra qui excite inutilement ton envie ; de l'*Histoire de l'Académie des sciences*, que tu n'es pas à portée d'entendre.

Rousseau alla faire une épigramme, et Fontenelle le regarda avec cette compassion philosophique qu'un esprit éclairé et entendu ne peut s'empêcher d'avoir pour un homme qui ne sait que rimer; et il alla prendre tranquillement sa place entre Lucrèce et Leibnitz. Je demandai pourquoi Leibnitz était là : on me répondit que c'était pour avoir fait d'assez bons vers latins, quoiqu'il fût métaphysicien et géomètre; et que la Critique le souffrait en cette place pour tâcher d'adoucir par cet exemple l'esprit dur de la plupart de ses confrères.

Cependant la Critique, se tournant vers l'auteur des *Mondes*, lui dit : Je ne vous reprocherai pas certains ouvrages de votre jeunesse, comme font ces cyniques jaloux; mais je suis la Critique, vous êtes chez le dieu du Goût; et voici ce que je vous dis de la part de ce dieu, du public et de la mienne; car nous sommes, à la longue, toujours tous trois d'accord :

Votre muse sage et riante
Devrait aimer un peu moins l'art :
Ne la gâtez point par le fard,
Sa couleur est assez brillante.

A l'égard de Lucrèce, il rougit d'abord en voyant le cardinal son ennemi ; mais à peine l'eut-il entendu parler qu'il l'aima. Il courut à lui, et lui dit en très-beaux vers latins ce que je traduis ici en assez mauvais vers français :

Aveugle que j'étais ! je crus voir la nature.
Je marchai dans la nuit, conduit par Épicure ;
J'adorai comme un Dieu ce mortel orgueilleux
Qui fit la guerre au ciel et détrôna les dieux.
L'âme ne me parut qu'une faible étincelle
Que l'instant du trépas dissipe dans les airs.
Tu m'as vaincu : je cède ; et l'âme est immortelle,
Aussi-bien que ton nom, mes écrits et tes vers.

Le cardinal répondit à ce compliment très-flatteur dans la langue de Lucrèce. Tous les poëtes latins, qui étoient là, le prirent pour un ancien Romain, à son air et à son style : mais les poëtes français sont fort fâchés qu'on fasse des vers dans une langue qu'on ne parle plus, et disent que, puisque Lucrèce, né à Rome, embellissait Épicure en latin, son adversaire, né à Paris, devait le combattre en français. Enfin, après beaucoup de ces retardements agréables, nous arrivâmes jusqu'à l'autel et jusqu'au trône du dieu du Goût.

Je vis ce dieu qu'en vain j'implore,
Ce dieu charmant que l'on ignore

Quand on cherche à le définir ;
Ce dieu qu'on ne sait point servir,
Quand avec scrupule on l'adore ;
Que La Fontaine fait sentir,
Et que Vadius cherche encore.
Il se plaisait à consulter
Ces grâces simples et naïves
Dont la France doit se vanter ;
Ces grâces piquantes et vives
Que les nations attentives
Voulurent souvent imiter,
Qui de l'art ne sont point captives,
Qui régnaient jadis à la cour,
Et que la nature et l'amour
Avaient fait naître sur nos rives.
Il est toujours environné
De leur troupe tendre et légère ;
C'est par leurs mains qu'il est orné,
C'est par leurs charmes qu'il sait plaire :
Elles-mêmes l'ont couronné
D'un diadème qu'au Parnasse
Composa jadis Apollon
Du laurier du divin Maron,
Du lierre et du myrte d'Horace,
Et des roses d'Anacréon.
   Sur son front règne la sagesse ;
Le sentiment et la finesse
Brillent tendrement dans ses yeux ;
Son air est vif, ingénieux :
Il vous ressemble enfin, Sylvie,
A vous que je ne nomme pas,
De peur des cris et des éclats

De cent beautés que vos appas
Font dessécher de jalousie.

  Non loin de lui, Rollin dictait
Quelques leçons à la jeunesse,
Et, quoiqu'en robe, on l'écoutait,
Chose assez rare à son espèce.
Près de là, dans un cabinet
Que Girardon et le Puget
Embellissaient de leur sculpture,
Le Poussin sagement peignait ;
Le Brun fièrement dessinait ;
Le Sueur entre eux se plaçait :
On l'y regardait sans murmure ;
Et le dieu, qui de l'œil suivait
Les traits de leur main libre et sûre,
En les admirant se plaignait
De voir qu'à leur docte peinture,
Malgré leurs efforts, il manquait
Le coloris de la nature.
Sous ses yeux, des amours badins
Ranimaient ces touches savantes
Avec un pinceau que leurs mains
Trempaient dans les couleurs brillantes
De la palette de Rubens.

  Je fus fort étonné de ne pas trouver dans le
sanctuaire bien des gens qui passaient, il y a
soixante ou quatre-vingts ans, pour être les plus
chers favoris du dieu du Goût. Les Pavillon, les
Benserade, les Pélisson, les Segrais, les Saint-
Evremont, les Balzac, les Voiture, ne me parurent
pas occuper les premiers rangs. Ils les avaient autre-

fois, me dit un de mes guides ; ils brillaient avant
que les beaux jours des belles-lettres fussent ar-
rivés ; mais peu à peu ils ont cédé aux véritable-
ment grands hommes. Ils ne font plus ici qu'une
assez médiocre figure. En effet, la plupart n'avaient
guère que l'esprit de leur temps, et non cet esprit
qui passe à la dernière postérité.

> Déjà de leurs faibles écrits
> Beaucoup de grâces sont ternies :
> Ils sont comptés encore au rang des beaux esprits,
> Mais exclus du rang des génies.

Segrais voulut un jour entrer dans le sanc-
tuaire en récitant ce vers de Despréaux :

> Que Segrais dans l'églogue en charme les forêts.

Mais la Critique, ayant lu, par malheur pour
lui, quelques pages de son *Énéide* en vers fran-
çais, le renvoya assez durement, et laissa venir à
sa place madame de La Fayette, qui avait mis sous
le nom de Segrais le roman aimable de *Zaïde* et
celui de *la Princesse de Clèves*.

On ne pardonne pas à Pélisson d'avoir dit gra-
vement tant de puérilités dans son Histoire de
l'Académie française, et d'avoir rapporté comme
des bons mots des choses assez grossières. Le
doux, mais faible Pavillon fait sa cour humble-
ment à madame Deshoulières, qui est placée fort
au-dessus de lui. L'inégal Saint-Évremont n'ose
parler de vers à personne. Balzac assomme de
longues phrases hyperboliques. Voiture et Ben-

serade, qui lui répondent par des pointes et par
des jeux de mots, dont ils rougissent eux-mêmes
le moment d'après. Je cherchais le fameux comte
de Bussi. Madame de Sévigné, qui est aimée de
tous ceux qui habitent le Temple, me dit que son
cher cousin, homme de beaucoup d'esprit, un
peu trop vain, n'avait jamais pu réussir à donner
au dieu du Goût cet excès de bonne opinion que
le comte de Bussi avait de messire Roger de
Rabutin.

> Bussi, qui s'estime et qui s'aime
> Jusqu'au point d'en être ennuyeux,
> Est censuré dans ces beaux lieux,
> Pour avoir d'un ton glorieux
> Parlé trop souvent de lui-même.
> Mais son fils, son aimable fils,
> Dans le Temple est toujours admis,
> Lui qui, sans flatter, sans médire,
> Toujours d'un aimable entretien,
> Sans le croire, parle aussi bien
> Que son père croyait écrire.
> Je vis arriver en ce lieu
> Le brillant abbé de Chaulieu,
> Qui chantait en sortant de table.
> Il osait caresser le dieu
> D'un air familier, mais aimable.
> Sa vive imagination
> Prodiguait, dans sa douce ivresse,
> Des beautés sans correction
> Qui choquaient un peu la justesse,
> Mais respiraient la passion.

La Fare avec plus de mollesse,
En baissant sa lyre d'un ton,
Chantait auprès de sa maîtresse
Quelques vers sans précision,
Que le plaisir et la paresse
Dictaient sans l'aide d'Apollon.
Auprès d'eux le vif Hamilton,
Toujours armé d'un trait qui blesse,
Médisait de l'humaine espèce,
Et même d'un peu mieux, dit-on.
    L'aisé, le tendre Saint-Aulaire,
Plus vieux encor qu'Anacréon,
Avait une voix plus légère ;
On voyait les fleurs de Cythère
Et celles du sacré vallon
Orner sa tête octogénaire.

Le dieu aimait fort tous ces messieurs, et surtout
ceux qui ne se piquaient de rien ; il avertissait
Chaulieu de ne se croire que le premier des poëtes
négligés, et non pas le premier des bons poëtes.

Ils faisaient conversation avec quelques-uns
des plus aimables hommes de leur temps. Ces
entretiens n'ont ni l'affectation de l'hôtel de Ram-
bouillet, ni le tumulte qui règne parmi nos jeunes
étourdis.

On y sait fuir également
Le précieux, le pédantisme,
L'air empesé du syllogisme,
Et l'air fou de l'emportement.
C'est là qu'avec grâce on allie
Le vrai savoir à l'enjoûment,

Et la justesse à la saillie.
L'esprit en cent façons se plie ;
On sait lancer, rendre, essuyer
Des traits d'aimable raillerie ;
Le bon sens, de peur d'ennuyer,
Se déguise en plaisanterie.

Là se trouvait Chapelle, ce génie plus débauché
encore que délicat, plus naturel que poli, facile
dans ses vers, incorrect dans son style, libre dans
ses idées. Il parlait toujours au dieu du Goût sur
les mêmes rimes. On dit que ce dieu lui répondit
un jour :

Réglez mieux votre passion
Pour ces syllabes enfilées
Qui, chez Richelet étalées,
Quelquefois, sans invention,
Disent avec profusion
Des riens en rimes redoublées.

Ce fut parmi ces hommes aimables que je ren-
contrai le président De Maisons, homme très-
éloigné de dire des riens, homme aimable et so-
lide qui avait aimé tous les arts.

O transports ! ô plaisirs ! ô moments pleins de charmes !
Cher Maisons ! m'écriai-je en l'arrosant de larmes,
C'est toi que j'ai perdu, c'est toi que le trépas,
A la fleur de tes ans, vint frapper dans mes bras.
La mort, l'affreuse mort fut sourde à ma prière !
Ah ! puisque le destin nous voulait séparer,
C'était à toi de vivre, à moi seul d'expirer.

Hélas! depuis le jour où j'ouvris la paupière,
Le ciel pour mon partage a choisi les douleurs;
Il sème de chagrins ma pénible carrière;
La tienne était brillante et couverte de fleurs.
Dans le sein des plaisirs, des arts et des honneurs,
Tu cultivais en paix les fruits de ta sagesse;
Ta vertu n'était point l'effet de ta faiblesse;
Je ne te vis jamais offusquer ta raison
Du bandeau de l'exemple et de l'opinion.
L'homme est né pour l'erreur; on voit la molle argile,
Sous la main du potier, moins souple et moins docile
Que l'âme n'est flexible aux préjugés divers,
Précepteurs ignorants de ce faible univers.
Tu bravas leur empire, et tu ne sus te rendre
Qu'aux paisibles douceurs de la pure amitié;
Et dans toi la nature avait associé
A l'esprit le plus ferme un cœur facile et tendre.

Parmi ces gens d'esprit nous trouvâmes quelques jésuites. Un janséniste dira que les jésuites se fourrent partout; mais le dieu du Goût reçoit aussi leurs ennemis; et il est assez plaisant de voir dans ce Temple Bourdaloue qui s'entretient avec Pascal sur le grand art de joindre l'éloquence au raisonnement. Le père Bouhours est derrière eux, marquant sur des tablettes toutes les fautes de langage et toutes les négligences qui leur échappent.

Le cardinal ne put s'empêcher de dire au père Bouhours:

Quittez d'un censeur pointilleux
La pédantesque diligence;

Aimons jusqu'aux défauts heureux
De leur mâle et libre éloquence.
J'aime mieux errer avec eux
Que d'aller, censeur scrupuleux,
Peser des mots dans ma balance.

Cela fut dit avec beaucoup plus de politesse que je ne le rapporte; mais nous autres poëtes, nous sommes souvent très-impolis pour la commodité de la rime.

Je ne m'arrêtai pas dans ce Temple à voir les seuls beaux esprits.

Vers enchanteurs, exacte prose,
Je ne me borne point à vous;
N'avoir qu'un goût est peu de chose :
Beaux-arts, je vous invoque tous !
Musique, danse, architecture,
Art de graver, docte peinture,
Que vous m'inspirez de désirs !
Beaux-arts, vous êtes des plaisirs;
Il n'en est point qu'on doive exclure.

Je vis les Muses présenter tour à tour, sur l'autel du dieu, des livres, des dessins et des plans de toute espèce. On voit sur cet autel le plan de cette belle façade du Louvre dont on n'est point redevable au cavalier Bernini, qu'on fit venir inutilement en France avec tant de frais, et qui fut construite par Perrault et par Louis Le Vau, grands artistes trop peu connus. Là est le dessin de la porte Saint-Denis, dont la plupart des Parisiens

ne connaissent pas plus la beauté que le nom de
François Blondel, qui acheva ce monument. Cette
admirable fontaine, qu'on regarde si peu, et qui
est ornée des précieuses sculptures de Jean Goujon,
mais qui le cède en tout à l'admirable fontaine de
Bouchardon, et qui semble accuser la grossière
rusticité de toutes les autres. Le portail de Saint-
Gervais, chef-d'œuvre d'architecture, auquel il
manque une église, une place et des admirateurs,
et qui devrait immortaliser le nom de Desbrosses
encore plus que le palais du Luxembourg, qu'il a
aussi bâti. Tous ces monuments, négligés par un
vulgaire toujours barbare, et par les gens du
monde toujours légers, attirent souvent les re-
gards du dieu.

On nous fit voir ensuite la bibliothèque de ce
palais enchanté; elle n'était pas ample. On croira
bien que nous n'y trouvâmes pas

> L'amas curieux et bizarre
> De vieux manuscrits vermoulus,
> Et la suite inutile et rare
> D'écrivains qu'on n'a jamais lus.
> Le dieu daigna, de sa main même,
> En leur rang placer ces auteurs
> Qu'on lit, qu'on estime et qu'on aime,
> Et dont la sagesse suprême
> N'a ni trop, ni trop peu de fleurs.

Presque tous les livres y sont corrigés et re-
tranchés de la main des Muses. On y voit entre

autres l'ouvrage de Rabelais, réduit tout au plus à un demi-quart.

Marot, qui n'a qu'un style, et qui chante du même ton les psaumes de David et les merveilles d'Alix, n'a plus que huit ou dix feuillets. Voiture et Sarrazin n'ont pas à eux deux plus de soixante pages.

Tout l'esprit de Bayle se trouve dans un seul tome, de son propre aveu ; car ce judicieux philosophe, ce juge éclairé de tant d'auteurs et de tant de sectes, disait souvent qu'il n'aurait pas composé plus d'un in-folio, s'il n'avait écrit que pour lui, et non pour les libraires.

Enfin on nous fit passer dans l'intérieur du sanctuaire. Là, les mystères du dieu furent dévoilés ; là, je vis ce qui doit servir d'exemple à la postérité : un petit nombre de véritablement grands hommes s'occupait à corriger ces fautes de leurs écrits excellents, qui seraient des beautés dans les écrits médiocres.

L'aimable auteur du *Télémaque* retranchait des répétitions et des détails inutiles dans son roman moral, et rayait le titre de poëme épique que quelques zélés indiscrets lui donnent ; car il avoue sincèrement qu'il n'y a point de poëme en prose.

L'éloquent Bossuet voulait bien rayer quelques familiarités échappées à son génie vaste, impétueux et facile, lesquelles déparent un peu la sublimité de ses oraisons funèbres ; et il est à remarquer qu'il ne garantit point tout ce qu'il a dit de la prétendue sagesse des anciens Égyptiens.

Ce grand, ce sublime Corneille,
Qui plut bien moins à notre oreille
Qu'à notre esprit qu'il étonna ;
Ce Corneille qui crayonna
L'âme d'Auguste et de Cinna,
De Pompée et de Cornélie,
Jetait au feu sa Pulchérie,
Agésilas et Suréna,
Et sacrifiait sans faiblesse
Tous ses enfants infortunés,
Fruits languissants de sa vieillesse,
Trop indignes de leurs ainés.

 Plus pur, plus élégant, plus tendre,
Et parlant au cœur de plus près,
Nous attachant sans nous surprendre,
Et ne se démentant jamais,
Racine observe les portraits
De Bajazet, de Xipharès,
De Britannicus, d'Hippolyte.
A peine il distingue leurs traits :
Ils ont tous le même mérite ;
Tendres, galants, doux et discrets ;
Et l'Amour, qui marche à leur suite,
Les croit des courtisans français.

 Toi, favori de la nature,
Toi, La Fontaine, auteur charmant,
Qui, bravant et rime et mesure,
Si négligé dans ta parure,
N'en avais que plus d'agrément ;
Sur tes écrits inimitables
Dis-nous quel est ton sentiment ;
Éclaire notre jugement
Sur tes contes et sur tes fables,

La Fontaine, qui avait conservé la naïveté de son caractère, et qui, dans le Temple du Goût, joignait un sentiment éclairé à cet heureux et singulier instinct qui l'inspirait pendant sa vie, retranchait quelques-unes de ses fables. Il accourcissait presque tous ses contes, et déchirait les trois quarts d'un gros recueil d'œuvres posthumes imprimées par ces éditeurs qui vivent des sottises des morts.

Là régnait Despréaux, leur maître en l'art d'écrire,
Lui qu'arma la raison des traits de la satire,
Qui, donnant le précepte et l'exemple à la fois,
Établit d'Apollon les rigoureuses lois.
Il revoit ses enfants avec un œil sévère ;
De la triste Équivoque il rougit d'être père,
Et rit des traits manqués du pinceau faible et dur
Dont il défigura le vainqueur de Namur ;
Lui-même il les efface, et semble encor nous dire :
Ou sachez vous connaitre, ou gardez-vous d'écrire.

Despréaux, par un ordre exprès du dieu du Goût, se réconciliait avec Quinault, qui est le poëte des grâces, comme Despréaux est le poëte de la raison.

Mais le sévère satirique
Embrassait encore, en grondant,
Cet aimable et tendre lyrique,
Qui lui pardonnait en riant.

Je ne me réconcilie point avec vous, disait Despréaux, que vous ne conveniez qu'il y a bien

des fadeurs dans ces opéras si agréables. Cela peut
bien être, dit Quinault; mais avouez aussi que
vous n'eussiez jamais fait Atys ni Armide:

Dans vos scrupuleuses beautés
Soyez vrai, précis, raisonnable;
Que vos écrits soient respectés;
Mais permettez-moi d'être aimable.

Après avoir salué Despréaux et embrassé ten-
drement Quinault, je vis l'inimitable Molière, et
j'osai lui dire:

Le sage, le discret Térence
Est le premier des traducteurs :
Jamais, dans sa froide élégance,
Des Romains il n'a peint les mœurs :
Tu fus le peintre de la France.
Nos bourgeois à sots préjugés,
Nos petits marquis rengorgés,
Nos robins toujours arrangés,
Chez toi venaient se reconnaître;
Et tu les aurais corrigés,
Si l'esprit humain pouvait l'être.

Ah! disait-il, pourquoi ai-je été forcé d'écrire
quelquefois pour le peuple! Que n'ai-je toujours
été le maître de mon temps! j'aurais trouvé des
dénoûments plus heureux; j'aurais moins fait des-
cendre mon génie au bas comique.

C'est ainsi que tous ces maîtres de l'art mon-
traient leur supériorité en avouant ces erreurs
auxquelles l'humanité est soumise, et dont nul
grand homme n'est exempt.

Je connus alors que le dieu du Goût est très-difficile à satisfaire, mais qu'il n'aime point à demi. Je vis que les ouvrages qu'il critique le plus en détail, sont ceux qui en tout lui plaisent davantage.

> Nul auteur avec lui n'a tort
> Quand il a trouvé l'art de plaire;
> Il le critique sans colère,
> Il l'applaudit avec transport.
> Melpomène, étalant ses charmes,
> Vient lui présenter ses héros;
> Et c'est en répandant des larmes
> Que ce dieu connaît leurs défauts.
> Malheur à qui toujours raisonne,
> Et qui ne s'attendrit jamais!
> Dieu du Goût, ton divin palais
> Est un séjour qu'il abandonne.

Quand mes conducteurs s'en retournèrent, le dieu leur parla à peu près dans ce sens; car il ne m'est pas donné de dire ses propres mots.

> Adieu, mes plus chers favoris,
> Comblés des faveurs du Parnasse;
> Ne souffrez pas que dans Paris
> Mon rival usurpe ma place.
>
> Je sais qu'à vos yeux éclairés
> Le faux goût tremble de paraître;
> Si jamais vous le rencontrez,
> Il est aisé de le connaître.

Toujours accablé d'ornements,
Composant sa voix, son visage;
Affecté dans ses agréments,
Et précieux dans son langage.

Il prend mon nom, mon étendard;
Mais on voit assez l'imposture:
Car il n'est que le fils de l'art;
Moi, je le suis de la nature.

FIN DU TEMPLE DU GOUT.

LE

TEMPLE DE L'AMITIÉ.

Au fond d'un bois à la paix consacré,
Séjour heureux, de la cour ignoré,
S'élève un temple, où l'art et ses prestiges
N'étalent point l'orgueil de leurs prodiges,
Où rien ne trompe et n'éblouit les yeux,
Où tout est vrai, simple et fait pour les dieux.
    De bons Gaulois de leurs mains le fondèrent;
A l'Amitié leurs cœurs le dédièrent.
Las! ils pensaient, dans leur crédulité,
Que par leur race il serait fréquenté.
En vieux langage on voit sur la façade
Les noms sacrés d'Oreste et de Pylade,
Le médaillon du bon Pirithoüs,
Du sage Achate, et du tendre Nisus,
Tous grands héros, tous amis véritables.
Ces noms sont beaux; mais ils sont dans les fables.
    Les doctes sœurs ne chantent qu'en ces lieux,
Car on les siffle au superbe empyrée.
On n'y voit point Mars et sa Cythérée,
Car la Discorde est toujours avec eux :
L'Amitié vit avec très-peu de dieux.
    A ses côtés sa fidèle interprète,
La Vérité, charitable et discrète,
Toujours utile à qui veut l'écouter,

Attend en vain qu'on l'ose consulter :
Nul ne l'approche, et chacun la regrette.
Par contenance un livre est dans ses mains,
Où sont écrits les bienfaits des humains ;
Doux monuments d'estime et de tendresse,
Donnés sans faste, acceptés sans bassesse,
Du protecteur noblement oubliés,
Du protégé sans regret publiés.
C'est des vertus l'histoire la plus pure :
L'histoire est courte, et le livre est réduit
A deux feuillets de gothique écriture,
Qu'on n'entend plus, et que le temps détruit.

O des humains quelle est donc la manie !
Toute amitié de leurs cœurs est bannie ;
Et cependant on les entend toujours
De ce beau nom décorer leurs discours.
Ses ennemis ne jurent que par elle :
En la fuyant chacun s'y dit fidèle ;
Ainsi qu'on voit devers l'État romain
Des indévots chapelet à la main.

De leurs propos la déesse en colère
Voulut enfin que ses mignons chéris,
Si contents d'elle et si sûrs de lui plaire,
Vinssent la voir en son sacré pourpris,
Fixa le jour, et promit un beau prix
Pour chaque couple au cœur noble, sincère,
Tendre comme elle, et digne d'être admis,
S'il se pouvait, au rang des vrais amis.
Au jour nommé, viennent d'un vol rapide
Tous nos Français, que la nouveauté guide :
Un peuple immense inonde le parvis.
Le Temple s'ouvre : on vit d'abord paraître

Deux courtisans par l'intérêt unis ;
Par l'Amitié tous deux ils croyaient l'être.
Vint un courrier, qui dit qu'auprès du maître
Vaquait alors un beau poste d'honneur,
Un noble emploi de valet grand seigneur.
Nos deux amis poliment se quittèrent,
Déesse, et prix, et Temple abandonnèrent,
Chacun des deux en son âme jurant
D'anéantir son très-cher concurrent.
    Quatre dévots à la mine discrète,
Dos en arcade, et missel à la main,
Unis en Dieu de charité parfaite,
Et tout brûlants de l'amour du prochain ,
Psalmodiaient et bâillaient en chemin.
L'un, riche abbé, prélat à l'œil lubrique,
Au menton triple, au col apoplectique,
Porc engraissé des dimes de Sion,
Oppressé fut d'une indigestion.
On confessa mon vieux ladre au plus vite ;
D'huile il fut oint, aspergé d'eau bénite,
Dûment lesté par le curé du lieu,
Pour son voyage au pays du bon Dieu.
Ses trois amis gaiment lui marmotèrent
Un *Oremus*, en leur cœur convoitèrent
Son bénéfice, et vers la cour trottèrent.
Puis chacun d'eux, dévotement rival,
En se jurant fraternité sincère,
Les yeux baissés, va chez le cardinal [1]
De jansénisme accuser son confrère.

---

[1] Le cardinal de Fleuri.

Gais et brillants, après un long repas,
Deux jeunes gens se tenant sous les bras,
Lisant tout haut des lettres de leurs belles,
D'un air galant leur figure étalaient,
Et, détonnant quelques chansons nouvelles,
Ainsi qu'au bal à l'autel ils allaient.
Nos étourdis pour rien s'y querellèrent,
De l'Amitié l'autel ensanglantèrent:
Et le moins fou laissa, tout éperdu,
Son tendre ami sur la place étendu.

Plus loin venaient, d'un air de complaisance,
Lise et Chloé, qui dès leur tendre enfance
Se confiaient leurs plaisirs, leurs humeurs,
Et tous ces riens qui remplissent leurs cœurs,
Se caressant, se parlant sans rien dire,
Et sans sujet toujours prêtes à rire.
Mais toutes deux avaient le même amant:
A son seul nom, ô merveille soudaine!
Lise et Chloé prirent tout doucement
Le grand chemin du Temple de la Haine.

Enfin Zaïre y parut à son tour,
Avec ces yeux où languit la mollesse,
Où le plaisir brille avec la tendresse.
Ah! que d'ennui, dit-elle, en ce séjour!
Que fait ici cette triste déesse?
Tout y languit : je n'y vois point l'Amour.
Elle sortit, vingt rivaux la suivirent;
Sur le chemin vingt beautés en gémirent.
Dieu sait alors où ma Zaïre alla.

De l'Amitié le prix fut laissé là;
Et la déesse en tous lieux célébrée,
Jamais connue et toujours désirée,

11.

Gela de froid sur ses sacrés autels.
J'en suis fâché pour les pauvres mortels.

ENVOI.

Mon cœur, ami charmant et sage,
Au vôtre n'était point lié,
Lorsque j'ai dit qu'à l'Amitié
Nul mortel ne rendait hommage.
Elle a maintenant à sa cour
Deux cœurs dignes du premier âge.
Hélas! le véritable amour
En a-t-il beaucoup davantage?

FIN DU TEMPLE DE L'AMITIÉ.

SUR LES ÉVÉNEMENTS

DE L'ANNÉE 1744.

————

Quoi! verrai-je toujours des sottises en France?
Disait, l'hiver dernier, d'un ton plein d'importance,
Timon, qui, du passé profond admirateur,
Du présent qu'il ignore est l'éternel frondeur.
Pourquoi, s'écriait-il, le roi va-t-il en Flandre?
Quelle étrange vertu qui s'obstine à défendre
Les débris dangereux du trône des Césars
Contre l'or des Anglais et le fer des houssards!
Dans le jeune Conti, quel excès de folie
D'escalader les monts qui gardent l'Italie,
Et d'attaquer vers Nice un roi victorieux,
Sur ces sommets glacés dont le front touche aux cieux!
Pour franchir ces amas de neiges éternelles,
Dédale à cet Icare a-t-il prêté ses ailes?
A-t-il reçu du moins, dans son dessein fatal,
Pour briser les rochers, le secret d'Annibal?

Il parle, et Conti vole. Une ardente jeunesse,
Voyant peu les dangers que voit trop la vieillesse,
Se précipite en foule autour de son héros:
Du Var qui s'épouvante on traverse les flots;
De torrents en rochers, de montagne en abime,
Des Alpes en courroux on assiége la cime;
On y brave la foudre; on voit de tous côtés
Et la nature et l'art, et l'ennemi domptés.

Conti qu'on censurait, et que l'univers loue,
Est un autre Annibal qui n'a point de Capoue.
Critiques orgueilleux, frondeurs, en est-ce assez ?
Avec Nice et Démont vous voilà terrassés.

Mais tandis que sous lui les Alpes s'aplanissent,
Que sur les flots voisins les Anglais en frémissent,
Vers les bords de l'Escaut, Louis fait tout trembler ;
Le Batave s'arrête et craint de le troubler.
Ministres, généraux, suivent d'un même zèle,
Du conseil au danger, leur prince et leur modèle.
L'ombre du grand Condé, l'ombre du grand Louis,
Dans les champs de la Flandre ont reconnu leur fils ;
L'envie alors se tait, la médisance admire.
Zoïle, un jour du moins renonce à la satire,
Et le vieux nouvelliste, une canne à la main,
Trace au Palais-Royal Ypre, Furne et Menin.

Ainsi, lorsqu'à Paris la tendre Melpomène
De quelque ouvrage heureux vient embellir la scène,
En dépit des sifflets de cent auteurs malins,
Le spectateur sensible applaudit des deux mains :
Ainsi, malgré Bussi, ses chansons et sa haine,
Nos aïeux admiraient Luxembourg et Turenne,
Le Français quelquefois est léger et moqueur ;
Mais toujours le mérite eut des droits sur son cœur :
Son œil perçant et juste est prompt à le connaître ;
Il l'aime en son égal, il l'adore en son maître.
La vertu sur le trône est dans son plus beau jour,
Et l'exemple du monde en est aussi l'amour.

Nous l'avons bien prouvé, quand la fièvre fatale,
A l'œil creux, au teint sombre, à la marche inégale,
De ses tremblantes mains, ministres du trépas,
Vint attaquer Louis au sortir des combats :

Jadis Germanicus fit verser moins de larmes ;
L'univers éploré ressentit moins d'alarmes,
Et goûta moins l'excès de sa félicité,
Lorsque Antonin mourant reparut en santé.
Dans nos emportements de douleur et de joie,
Le cœur seul a parlé, l'amour seul se déploie.
Paris n'a jamais vu de transports si divers,
Tant de feux d'artifice et tant de mauvais vers.

  Autrefois, ô grand roi, les filles de mémoire,
Chantant au pied du trône, en égalaient la gloire.
Que nous dégénérons de ce temps si chéri !
L'éclat du trône augmente, et le nôtre est flétri !
O ma prose et mes vers, gardez-vous de paraitre ;
Il est dur d'ennuyer son héros et son maître :
Cependant nous avons la noble vanité
De mener les héros à l'immortalité.
Nous nous trompons beaucoup ; un roi juste et qu'on aime
Va sans nous à la gloire, et doit tout à lui-même.
Chaque âge le bénit : le vieillard expirant
De ce prince à son fils fait l'éloge en pleurant ;
Le fils, éternisant des images si chères,
Raconte à ses neveux le bonheur de leurs pères ;
Et ce nom, dont la terre aime à s'entretenir,
Est porté par l'amour aux siècles à venir.

  Si pourtant, ô grand roi, quelque esprit moins vulgaire,
Des vœux de tout un peuple interprète sincère,
S'élevant jusqu'à vous par le grand art des vers,
Osait, sans vous flatter, vous peindre à l'univers,
Peut-être on vous verrait, séduit par l'harmonie,
Pardonner à l'éloge en faveur du génie :
Peut-être d'un regard le Parnasse excité
De son lustre terni reprendrait la beauté.

L'œil du maître peut tout ; c'est lui qui rend la vie
Au mérite expirant sous la dent de l'envie ;
C'est lui dont les rayons ont cent fois éclairé
Le modeste talent dans la foule ignoré.
Un roi qui sait régner nous fait ce que nous sommes :
Les regards d'un héros produisent les grands hommes.

POËME

DE

FONTENOI.

AU ROI LOUIS XV.

Disce, puer, virtutem ex me. Æneid. lib. XII.

SIRE,

Je n'avais osé dédier à votre majesté les pre-
miers essais de cet ouvrage; je craignais surtout
de déplaire au plus modeste des vainqueurs : mais,
sire, ce n'est point ici un panégyrique, c'est une
peinture fidèle d'une partie de la journée la plus
glorieuse depuis la bataille de Bovines; ce sont
les sentiments de la France, quoiqu'à peine ex-
primés; c'est un poëme sans exagération, et de
grandes vérités sans mélange de fiction ni de flat-
terie. Le nom de votre majesté fera passer cette
faible esquisse à la postérité, comme un monu-
ment authentique de tant de belles actions, faite
en votre présence à l'exemple des vôtres.

Daignez, sire, ajouter à la bonté que votre
majesté a eue de permettre cet hommage, celle
d'agréer les profonds respects d'un de vos moindres
sujets, et du plus zélé de vos admirateurs. V.

DISCOURS PRÉLIMINAIRE.

Le public sait que cet ouvrage, composé d'abord avec la rapidité que le zèle inspire, reçut des accroissements à chaque édition qu'on en faisait. Toutes les circonstances de la victoire de Fontenoi, qu'on apprenait à Paris de jour en jour, méritaient d'être célébrées; et ce qui n'était d'abord qu'une pièce de cent vers est devenu un poëme qui en contient plus de trois cent cinquante : mais on y a gardé toujours le même ordre, qui consiste dans la préparation, dans l'action et dans ce qui la termine; on n'a fait même que mettre cet ordre dans un plus grand jour, en traçant dans cette édition le portrait des nations dont était composée l'armée ennemie, et en spécifiant leurs trois attaques.

On a peint avec des traits vrais, mais non injurieux, les nations dont Louis XV a triomphé : par exemple, quand on dit des Hollandais qu'ils avaient autrefois brisé *le joug de l'Autriche cruelle*, il est clair que c'est de l'Autriche alors cruelle envers eux que l'on parle : car assurément elle ne l'est pas aujourd'hui pour les États généraux; et d'ailleurs la reine de Hongrie, qui ajoute tant à la gloire de la maison d'Autriche, sait combien les Français respectent sa personne et ses vertus, en étant forcés de la combattre.

Quand on dit des Anglais, *et la férocité le cède à la vertu,* on a eu soin d'avertir en notes, dans toutes les éditions, que le reproche de férocité ne tombait que sur le soldat.

En effet, il est très-véritable que, lorsque la colonne anglaise déborda Fontenoi, plusieurs soldats de cette nation crièrent *no quarter,* point de quartier : on sait encore que, quand M. de Séchelles seconda les intentions du roi avec une prévoyance si singulière, et qu'il fit préparer autant de secours pour les prisonniers ennemis blessés que pour nos troupes, quelques fantassins anglais s'acharnèrent encore contre nos soldats, dans les chariots même où l'on transportait les vainqueurs et les vaincus blessés. Les officiers, qui ont partout à peu près la même éducation dans toute l'Europe, ont aussi la même générosité; mais il y a des pays où le peuple, abandonné à lui-même, est plus farouche qu'ailleurs. On n'en a pas moins loué la valeur et la conduite de cette nation, et surtout on n'a cité le nom de M. le duc de Cumberland qu'avec l'éloge que sa magnanimité doit attendre de tout le monde.

Quelques étrangers ont voulu persuader au public que l'illustre Addisson, dans son poëme de la campagne de Hochstet, avait parlé plus honorablement de la maison du roi que l'auteur même du poëme de Fontenoi : ce reproche a été cause qu'on a cherché l'ouvrage de M. Addisson à la bibliothèque de sa majesté; et on a été bien surpris d'y trouver beaucoup plus d'injures que de louan-

ges; c'est vers le trois-centième vers. On ne les
répétera point, et il est bien inutile d'y répondre;
la maison du roi leur a répondu par des victoires.
On est très-éloigné de refuser à un grand poëte et
à un grand philosophe très-éclairé, tel que M. Ad-
disson, les éloges qu'il mérite : mais il en mériterait
davantage, et il aurait plus honoré la philosophie
et la poésie, s'il avait plus ménagé, dans son
poëme, des têtes couronnées, qu'un ennemi même
doit toujours respecter, et s'il avait songé que les
louanges données aux vaincus sont un laurier de
plus pour les vainqueurs : il est à croire que, quan l
M. Addisson fut secrétaire d'État, le ministre se
repentit de ces indécences échappées à l'auteur.

Si l'ouvrage anglais est trop rempli de fiel, ce-
lui-ci respire l'humanité; on a songé, en célébrant
une bataille, à inspirer des sentiments de bienfai-
sance : malheur à celui qui ne pourrait se plaire
qu'aux peintures de la destruction et aux images
des malheurs des hommes!

Les peuples de l'Europe ont des principes d'hu-
manité qui ne se trouvent point dans les autres
parties du monde; ils sont plus liés entre eux, ils
ont des lois qui leur sont communes; toutes les
maisons des souverains sont alliées; leurs sujets
voyagent continuellement et entretiennent une
liaison réciproque. Les Européans chrétiens sont
ce qu'étaient les Grecs, ils se font la guerre entre
eux; mais ils conservent dans ces dissensions tant
de bienséance, et d'ordinaire de politesse, que

souvent un Français, un Anglais, un Allemand qui se rencontrent, paraissent être nés dans la même ville. Il est vrai que les Lacédémoniens et les Thébains étaient moins polis que le peuple d'Athènes; mais enfin toutes les nations de la Grèce se regardaient comme des alliées qui ne se faisaient la guerre que dans l'espérance certaine d'avoir la paix : ils insultaient rarement à des ennemis qui dans peu d'années devaient être leurs amis. C'est sur ce principe qu'on a tâché que cet ouvrage fût un monument de la gloire du roi, et non de la honte des nations dont il a triomphé : on serait fâché d'avoir écrit contre elles avec autant d'aigreur que quelques Français en ont mis dans leurs satires contre cet ouvrage d'un de leurs compatriotes; mais la jalousie d'auteur à auteur est beaucoup plus grande que celle de nation à nation.

On a dit des Suisses qu'ils sont *nos antiques amis et nos concitoyens*, parce qu'ils le sont depuis deux cent cinquante ans. On a dit que les étrangers qui servent dans nos armées ont suivi l'exemple de la maison du roi et de nos autres troupes, parce qu'en effet c'est toujours à la nation qui combat pour son prince à donner cet exemple, et que jamais cet exemple n'a été mieux donné.

On n'ôtera jamais à la nation française la gloire de la valeur et de la politesse. On a osé imprimer que ce vers,

Je vois cet étranger, qu'on croit né parmi nous,

était un com-liment à un général né en Saxe, d'avoir l'air français. Il est bien question ici d'air et de bonne grâce! Quel est l'homme qui ne voit évidemment que ce vers signifie que le général étranger est aussi attaché au roi que s'il était né son sujet?

Cette critique est aussi judicieuse que celle de quelques personnes qui prétendirent qu'il n'était pas honnête de dire que le général était dangereusement malade, lorsqu'en effet son courage lui fit oublier l'état douloureux où il était réduit, et le fit triompher de la faiblesse de son corps ainsi que des ennemis du roi.

Voilà tout ce que la bienséance en général permet qu'on réponde à ceux qui en ont manqué.

L'auteur n'a eu d'autre vue que de rendre fidèlement ce qui était venu à sa connaissance; et son seul regret est de n'avoir pu, dans un si court espace de temps, et dans une pièce de si peu d'étendue, célébrer toutes les belles actions dont il a depuis entendu parler; il ne pouvait dire tout; mais du moins ce qu'il a dit est vrai : la moindre flatterie eût déshonoré un ouvrage fondé sur la gloire du roi et sur celle de la nation.

Le plaisir de dire la vérité l'occupait si entièrement, que ce ne fut qu'après six éditions qu'il envoya son ouvrage à la plupart de ceux qui y sont célébrés.

Tous ceux qui sont nommés n'ont pas eu les occasions de se signaler également : celui qui, à la tête de son régiment, attendait l'ordre de marcher, n'a pu rendre le même service qu'un lieutenant général qui était à portée de conseiller de fond.c sur la colonne anglaise, et qui partit pour la charger avec la maison du roi. Mais si la grande action de l'un mérite d'être rapportée, le courage impatient de l'autre ne doit pas être oublié : tel est loué en général sur sa valeur, tel autre sur un service rendu ; on a parlé des blessures des uns, on a déploré la mort des autres.

Ce fut une justice que rendit le célèbre M. Despréaux à ceux qui avaient été de l'expédition du passage du Rhin : il cite près de vingt noms ; il y en a ici plus de soixante ; et on en trouverait quatre fois davantage, si la nature de l'ouvrage le comportait.

Il serait bien étrange qu'il eût été permis à Homère, à Virgile, au Tasse, de décrire les blessures de mille guerriers imaginaires, et qu'il ne le fût pas de parler des héros véritables qui viennent de prodiguer leur sang, et parmi lesquels il y en a plusieurs avec qui l'auteur avait eu l'honneur de vivre, et qui lui ont laissé de sincères regrets.

L'attention scrupuleuse qu'on a apportée dans cette édition doit servir de garant de tous les faits qui sont énoncés dans le poëme : il n'en est aucun qui ne doive être cher à la nation et à toutes les familles qu'ils regardent. En effet, qui n'est touché sensiblement en lisant le nom de son fils, de son frère, d'un parent cher, d'un ami tué ou blessé,

ou exposé dans cette bataille qui sera célèbre à ja-
mais: en lisant, dis-je, ce nom dans un ouvrage
qui, tout faible qu'il est, a été honoré plus d'une
fois des regards du monarque, et que sa majesté
n'a permis qu'il lui fût dédié que parce qu'elle a
oublié son éloge en faveur de celui des officiers
qui ont combattu et vaincu sous ses ordres?

C'est donc moins en poëte qu'en bon citoyen
qu'on a travaillé: on n'a point cru devoir orner
ce poëme de longues fictions, surtout dans la pre-
mière chaleur du public, et dans un temps où
l'Europe n'était occupée que des détails intéres-
sants de cette victoire importante, achetée par tant
du sang.

La fiction peut orner un sujet, ou moins grand,
ou moins intéressant, ou qui, placé plus loin de
nous, laisse l'esprit plus tranquille: ainsi, lorsque
Despréaux s'égaya dans sa description du Passage
du Rhin, c'était trois mois après l'action; et cette
action, toute brillante qu'elle fut, n'est à com-
parer, ni pour l'importance, ni pour le danger, à
une bataille rangée, gagnée sur un ennemi habile,
intrépide, et supérieur en nombre, par un roi ex-
posé, ainsi que son fils, pendant quatre heures au
feu de l'artillerie.

Ce n'est qu'après s'être laissé emporter aux pre-
miers mouvements de zèle, après s'être attaché
uniquement à louer ceux qui ont si bien servi la
patrie dans ce grand jour, qu'on s'est permis d'in-
sérer dans le poëme un peu de ces fictions qui af-

faibliraient un tel sujet, si on voulait les prodiguer;
et on ne dit ici en prose que ce que M. Addisson
lui-même a dit en vers dans son fameux poëme de
la campagne de Hochstet.

On peut, deux mille ans après la guerre de
Troie, faire apporter par Vénus à Énée des armes
que Vulcain a forgées, et qui rendent ce héros in-
vulnérable; on peut lui faire rendre son épée par
une divinité, pour la plonger dans le sein de son
ennemi. Tout le conseil des dieux peut s'assembler,
tout l'enfer peut se déchaîner, Alecton peut enivrer
tous les esprits des venins de sa rage; mais ni notre
siècle, ni un événement si récent, ni un ouvrage
si court, ne permettent guère ces peintures deve-
nues les lieux communs de la poésie. Il faut par-
donner à un citoyen pénétré de faire parler son
cœur plus que son imagination; et l'auteur avoue
qu'il s'est plus attendri en disant,

> Tu meurs, jeune Craon; que le ciel moins sévère
> Veille sur les destins de ton généreux frère!

que s'il avait invoqué les Euménides pour faire
ôter la vie à un jeune guerrier aimable.

Il faut des divinités dans un poëme épique, et
surtout quand il s'agit de héros fabuleux; mais ici
le vrai Jupiter, le vrai Mars, c'est un roi tran-
quille dans le plus grand danger, et qui hasarde
sa vie pour un peuple dont il est le père : c'est lui,
c'est son fils, ce sont ceux qui ont vaincu sous lui,
et non Junon et Juturne, qu'on a voulu et qu'on

a dû peindre. D'ailleurs le petit nombre de ceux qui connaissent notre poésie sait qu'il est bien plus aisé d'intéresser le ciel, les enfers et la terre à une bataille, que de faire reconnaître et de distinguer par des images propres et sensibles des carabiniers qui ont de gros fusils rayés, des grenadiers, des dragons qui combattent à pied et à cheval, de parler de retranchements faits à la hâte, d'ennemis qui s'avancent en colonne, d'exprimer enfin ce qu'on n'a guère dit encore en vers.

C'était ce que sentait M. Addisson, bon poëte et critique judicieux. Il employa dans son poëme, qui a immortalisé la campagne de Hochstet, beaucoup moins de fictions qu'on ne s'en est permis dans le poëme de Fontenoi. Il savait que le duc de Marlborough et le prince Eugène se seraient très-peu souciés de voir des dieux où il était question des grandes actions des hommes ; il savait qu'on relève par l'invention les exploits de l'antiquité, et qu'on court risque d'affaiblir ceux des modernes par de froides allégories : il a fait mieux, il a intéressé l'Europe entière à son action. Il en est à peu-près de ces petits poëmes de trois cents ou de quatre cents vers sur les affaires présentes comme d'une tragédie ; le fond doit être intéressant par lui-même, et les ornements étrangers sont presque toujours superflus.

On a dû spécifier les différents corps qui ont combattu, leurs armes, leur position, l'endroit où ils ont attaqué ; dire que la colonne anglaise a pénétré; exprimer comment elle a été enfoncée par la maison du roi, les carabiniers, la gendarmerie, le régiment de Normandie, les Irlandais, etc. Si on n'était pas entré dans ces détails, dont le fond est si héroïque, et qui sont cependant si difficiles à rendre, rien ne distinguerait la bataille de Fontenoi d'avec celle de Tolbiac. Despréaux, dans le Passage du Rhin, a dit :

> Revel le suit de près; sous ce chef redouté
> Marche des cuirassiers l'escadron indompté.

On a peint ici les carabiniers, au lieu de les appeler par leur nom, qui convient encore moins au vers que celui de cuirassiers. On a même mieux aimé, dans cette dernière édition, caractériser la fonction de l'état-major que de mettre en vers les noms des officiers de ce corps qui ont été blessés.

Cependant on a osé appeler la maison du roi par son nom, sans se servir d'aucune autre image. Ce nom de *maison du roi*, qui contient tant de corps invincibles, imprime une assez grande idée sans qu'il soit besoin d'autre figure; M. Addisson même ne l'appelle pas autrement. Mais il y a encore une autre raison de l'avoir nommée, c'est la rapidité de l'action.

> Vous, peuple de héros dont la foule s'avance,
> Louis, son fils, l'État, l'Europe est en vos mains :
> Maison du roi, marchez, etc.

Si on avait dit, *la maison du roi marche*, cette expression eût été prosaïque et languissante.

On n'a pas voulu s'écarter un moment, dans cet ouvrage, de la gravité du sujet. Despréaux, il est vrai, en traitant le Passage du Rhin dans le goût de quelques-unes de ses épîtres, a joint le plaisant à l'héroïque; car, après avoir dit :

Un bruit s'épand qu'Enguien et Condé sont passés :
Condé, dont le seul nom fait tomber les murailles,
Force les escadrons et gagne les batailles ;
Enguien, de son hymen le seul et digne fruit, etc.

Il s'exprime ensuite ainsi :

Bientôt... mais Vurts s'oppose à l'ardeur qui m'anime.
Finissons, il est temps; aussi-bien si la rime
Allait mal à propos m'engager dans Arnheim,
Je n'en sais, pour sortir, de porte qu'Hildesheim.

Les personnes qui ont paru souhaiter qu'on employât dans le récit de la victoire de Fontenoi quelques traits de ce style familier de Boileau n'ont pas, ce me semble, assez distingué les lieux et les temps, et n'ont pas fait la différence qu'il faut faire entre une épître et un ouvrage d'un ton plus sérieux et plus sévère : ce qui a de la grâce dans le genre épistolaire n'en aurait point dans le genre héroïque.

On n'en dira pas davantage sur ce qui regarde l'art et le goût, à la tête d'un ouvrage où il s'agit des plus grands intérêts, et qui ne doit remplir l'esprit que de la gloire du roi et du bonheur de la patrie.

POËME
DE FONTENOI.

———

Quoi! du siècle passé le fameux satirique
Aura fait retentir la trompette héroïque,
Aura chanté du Rhin les bords ensanglantés,
Ses défenseurs mourants, ses flots épouvantés,
Son Dieu même en fureur, effrayé du passage,
Cédant à nos aïeux son onde et son rivage;
Et vous, quand votre roi, dans des plaines de sang,
Voit la mort devant lui voler de rang en rang,
Tandis que, de Tournai foudroyant les murailles,
Il suspend les assauts pour courir aux batailles;
Quand, des bras de l'hymen s'élançant au trépas,
Son fils, son digne fils, suit de si près ses pas:
Vous, heureux par ses lois, et grands par sa vaillance,
Français, vous garderiez un indigne silence!
    Venez le contempler aux champs de Fontenoi.
O vous, Gloire, Vertu, déesses de mon roi,
Redoutable Bellone et Minerve chérie,
Passion des grands cœurs, amour de la patrie,
Pour couronner Louis, prêtez-moi vos lauriers;
Enflammez mon esprit du feu de nos guerriers;
Peignez de leurs exploits une éternelle image.
    Vous m'avez transporté sur ce sanglant rivage;
J'y vois ces combattants que vous conduisez tous.
C'est là ce fier Saxon qu'on croit né parmi nous,

Maurice, qui, touchant à l'infernale rive,
Rappelle pour son roi son âme fugitive,
Et qui demande à Mars, dont il a la valeur,
De vivre encore un jour et de mourir vainqueur.
Conservez, justes cieux, ces hautes destinées ;
Pour Louis et pour nous prolongez ses années.

    Déjà de la tranchée Harcourt est accouru :
Tout poste est assigné, tout danger est prévu.
Noailles, pour son roi plein d'un amour fidèle,
Voit la France en son maître, et ne regarde qu'elle.
Ce sang de tant de rois, ce sang du grand Condé,
D'Eu, par qui des Français le tonnerre est guidé,
Penthièvre, dont le zèle avait devancé l'âge,
Qui déjà vers le Mein signala son courage,
Bavière avec de Pons, Boufflers et Luxembourg,
Vont, chacun dans leur place, attendre ce grand jour :
Chacun porte l'espoir aux guerriers qu'il commande :
Le fortuné Danoi, Chabanes, Galerande ;
Le vaillant Bérenger, ce défenseur du Rhin,
Colbert et du Chaila, tous nos héros enfin,
Dans l'horreur de la nuit, dans celle du silence,
Demandent seulement que le péril commence.

    Le jour frappe déjà de ses rayons naissants
De vingt peuples unis les drapeaux menaçants.
Le Belge, qui, jadis fortuné sous nos princes,
Vit l'abondance alors enrichir ses provinces ;
Le Batave prudent, dans l'Inde respecté,
Puissant par son travail et par sa liberté,
Qui, long-temps opprimé par l'Autriche cruelle,
Ayant brisé son joug, s'arme aujourd'hui pour elle ;
L'Hanovrien constant, qui, formé pour servir,
Sait souffrir et combattre, et surtout obéir ;

L'Autrichien rempli de sa gloire passée,
De ses derniers Césars occupant sa pensée :
Surtout ce peuple altier qui voit sur tant de mers
Son commerce et sa gloire embrasser l'univers;
Mais qui, jaloux en vain des grandeurs de la France,
Croit porter dans ses mains la foudre et la balance :
Tous marchent contre nous; la valeur les conduit,
La haine les anime, et l'espoir les séduit.

De l'empire français l'indomptable génie
Brave auprès de son roi leur foule réunie.
Des montagnes, des bois, des fleuves d'alentour,
Tous les dieux alarmés sortent de leur séjour;
Incertains pour quel maître, en ces plaines fécondes,
Vont croître leurs moissons et vont couler leurs ondes.
La Fortune auprès d'eux, d'un vol prompt et léger,
Les lauriers dans les mains, fend les plaines de l'air;
Elle observe Louis, et voit avec colère
Que sans elle aujourd'hui la Valeur va tout faire.

Le brave Cumberland, fier d'attaquer Louis,
A déjà disposé ses bataillons hardis.
Tels ne parurent point aux rives du Scamandre,
Sous ces murs si vantés que Pyrrhus mit en cendre,
Ces antiques héros qui, montés sur un char,
Combattaient en désordre et marchaient au hasard :
Mais tel fut Scipion sous les murs de Carthage;
Tel son rival et lui, prudents avec courage,
Déployant de leur art les terribles secrets,
L'un vers l'autre avancés, s'admiraient de plus près.

L'Escaut, les ennemis, les remparts de la ville,
Tout présente la mort, et Louis est tranquille.
Cent tonnerres de bronze ont donné le signal.
D'un pas ferme et pressé, d'un front toujours égal,

S'avance vers nos rangs la profonde colonne
Que la terreur devance et la flamme environne ;
Comme un nuage épais qui sur l'aile des vents
Porte l'éclair, la foudre et la mort dans ses flancs.
Les voilà ces rivaux du grand nom de mon maître,
Plus farouches que nous, aussi vaillants peut-être,
Encor tout orgueilleux de leurs premiers exploits.
Bourbons ! voici le temps de venger les Valois.

Dans un ordre effrayant, trois attaques formées
Sur trois terrains divers engagent les armées ;
Le Français, dont Maurice a gouverné l'ardeur,
A son poste attaché, joint l'art à la valeur.
La mort sur les deux camps étend sa main cruelle ;
Tous ses traits sont lancés, le sang coule autour d'elle.
Chefs, officiers, soldats, l'un sur l'autre entassés,
Sous le fer expirants, par le plomb renversés,
Poussent les derniers cris en demandant vengeance.

Grammont, que signalait sa noble impatience,
Grammont dans l'Élysée emporte la douleur
D'ignorer en mourant si son maître est vainqueur.
De quoi lui serviront ces grands titres de gloire,
Ce sceptre des guerriers, honneurs de sa mémoire ;
Ce rang, ces dignités, vanités des héros,
Que la mort avec eux précipite aux tombeaux ?
Tu meurs, jeune Craon ! Que le ciel, moins sévère,
Veille sur les destins de ton généreux frère !
Hélas ! cher Longaunai, quelle main, quel secours
Peut arrêter ton sang et raniner tes jours ?
Ces ministres de Mars, qui d'un vol si rapide
S'élançaient à la voix de leur chef intrépide,
Sont du plomb qui les suit dans leur course arrêtés.
Tels que des champs de l'air tombent précipités

Des oiseaux tout sanglants, palpitants sur la terre.
Le fer atteint d'Havré. Le jeune d'Aubeterre
Voit de sa légion tous les chefs indomptés
Sous le glaive et le feu mourants à ses côtés.
 Guerriers que Chabrillant avec Brancas rallie,
Que d'Anglais immolés vont payer votre vie!
Je te rends grâce, ô Mars, dieu de sang, dieu cruel,
La race de Colbert, ce ministre immortel,
Échappe en ce carnage à ta main sanguinaire.
Guerchi n'est point frappé, la vertu peut te plaire:
Mais vous, brave d'Aché, quel sera votre sort?
Le ciel sauve à son gré, donne et suspend la mort.
 Infortuné Lutteaux, tout chargé de blessures,
L'art qui veille à ta vie ajoute à tes tortures;
Tu meurs dans les tourments; nos cris mal entendus
Te demandent au ciel, et déjà tu n'es plus.
 O combien de vertus que la tombe dévore!
Combien de jours brillants éclipsés à l'aurore!
Que nos lauriers sanglants doivent coûter de pleurs!
Ils tombent ces héros, ils tombent ces vengeurs;
Ils meurent, et nos jours sont heureux et tranquilles;
La molle volupté, le luxe de nos villes
Filent ces jours sereins, ces jours que nous devons
Au sang de nos guerriers, aux périls des Bourbons!
Couvrons du moins de fleurs ces tombes glorieuses;
Arrachons à l'oubli ces ombres vertueuses;
Vous qui lanciez la foudre, et qu'ont frappés ses coups,
Revivez dans nos chants, quand vous mourez pour nous.
 Hé quel serait, grand Dieu! le citoyen barbare,
Prodigue de censure, et de louange avare,
Qui, peu touché des morts, et jaloux des vivants,
Leur pourrait envier mes pleurs et mon encens?

13.

Ah! s'il est parmi nous des cœurs dont l'indolence,
Insensible aux grandeurs, aux pertes de la France,
Dédaigne de m'entendre et de m'encourager,
Réveillez-vous, ingrats, Louis est en danger.

   Le feu qui se déploie, et qui, dans son passage,
S'anime en dévorant l'aliment de sa rage,
Les torrents débordés dans l'horreur des hivers,
Le flux impétueux des menaçantes mers,
Ont un cours moins rapide, ont moins de violence,
Que l'épais bataillon qui contre nous s'avance;
Qui triomphe en marchant; qui, le fer à la main,
A travers les mourants s'ouvre un large chemin.
Rien n'a pu l'arrêter; Mars pour lui se déclare,
Le roi voit le malheur, le brave et le répare.
Son fils, son seul espoir.... Ah! cher prince, arrêtez:
Où portez-vous ainsi vos pas précipités?
Conservez cette vie au monde nécessaire,
Louis craint pour son fils, le fils craint pour son père;
Nos guerriers tout tremblants frémissent pour tous deux,
Seul mouvement d'effroi dans ces cœurs généreux.

   Vous qui gardez mon roi, vous qui vengez la France,
Vous, peuple de héros, dont la foule s'avance,
Accourez, c'est à vous de fixer les destins,
Louis, son fils, l'État, l'Europe est dans vos mains.

   Maison du roi, marchez, assurez la victoire;
Soubise et Pecquigni vous mènent à la gloire.
Paraissez, vieux soldats, dont les bras éprouvés
Lancent de loin la mort que de près vous bravez.
Venez, vaillante élite, honneur de nos armées;
Partez, flèches de feu, grenades enflammées;
Phalange de Louis, écrasez sous vos coups
Ces combattants si fiers et si dignes de vous..

Richelieu, qu'en tous lieux emporte son courage,
Ardent, mais éclairé, vif à la fois et sage,
Favori de l'Amour, de Minerve et de Mars,
Richelieu vous appelle, il n'est plus de hasards;
Il vous appelle; il voit d'un œil prudent et ferme
Des succès ennemis et la cause et le terme;
Il vole, et, sa vertu secondant vos grands cœurs,
Il vous marque la place où vous serez vainqueurs.

D'un rempart de gazon, faible et prompte barrière
Que l'art oppose à peine à la fureur guerrière,
La Mark, La Vauguyon, Choiseul, d'un même effort,
Arrêtent une armée et repoussent la mort.
D'Argenson, qu'enflammaient les regards de son père,
La gloire de l'État, à tous les siens si chère,
Le danger de son roi, le sang de ses aïeux,
Assaillit par trois fois ce corps audacieux,
Cette masse de feu qui semble impénétrable:
On l'arrête, il revient, ardent, infatigable;
Ainsi qu'aux premiers temps, par leurs coups redoublés,
Les beliers enfonçaient les remparts ébranlés.

Ce brillant escadron, fameux par cent batailles,
Lui par qui Catinat fut vainqueur à Marsailles,
Arrive, voit, combat, et soutient son grand nom.
Tu suis du Chastelet, jeune Castelmoron,
Toi qui touches encore à l'âge de l'enfance,
Toi qui d'un faible bras qu'affermit ta vaillance,
Reprends ces étendards déchirés et sanglants
Que l'orgueilleux Anglais emportait dans ses rangs.
C'est dans ces rangs affreux que Chevrier expire.
Monaco perd son sang, et l'Amour en soupire.
Anglais, sur du Guesclin deux fois tombent vos coups:
Frémissez à ce nom si funeste pour vous.

Mais quel brillant héros, au milieu du carnage,
Renversé, relevé, s'est ouvert un passage ?
Biron, tels on voyait, dans les plaines d'Ivry,
Tes immortels aïeux suivre le grand Henri ;
Tel était ce Crillon, chargé d'honneurs suprêmes,
Nommé Brave autrefois par les braves eux-mêmes :
Tels étaient ces d'Aumonts, ces grands Montmorencis,
Ces Créquis si vantés renaissants dans leurs fils ;
Tel se forma Turenne au grand art de la guerre,
Près d'un autre Saxon, la terreur de la terre,
Quand la Justice et Mars, sous un autre Louis,
Frappaient l'aigle d'Autriche et relevaient les lis.

Comment ces courtisans, doux, enjoués, aimables,
Sont-ils dans les combats des lions indomptables ?
Quel assemblage heureux de grâces, de valeur !
Boufflers, Meuze, d'Ayen, Durás, bouillants d'ardeur,
A la voix de Louis courez, troupe intrépide,
Que les Français sont grands quand leur maître les guide !
Ils l'aiment, ils vaincront, leur père est avec eux.
Son courage n'est point cet instinct furieux,
Ce courroux emporté, cette valeur commune ;
Maître de son esprit, il l'est de la fortune ;
Rien ne trouble ses sens, rien n'éblouit ses yeux :
Il marche, il est semblable à ce maître des dieux
Qui, frappant les Titans et tonnant sur leurs têtes,
D'un front majestueux dirigeait les tempêtes ;
Il marche, et sous ses coups la terre au loin mugit ;
L'Escaut fuit, la mer gronde, et le ciel s'obscurcit.

Sur un nuage épais que, des antres de l'Ourse,
Les vents affreux du nord apportent dans leur course,
Les vainqueurs des Valois descendent en courroux :
Cumberland, disent-ils, nous n'espérons qu'en vous ;

Courage, rassemblez vos légions altières;
Bataves, revenez, défendez vos barrières;
Anglais, vous que la paix semble seule alarmer,
Vengez-vous d'un héros qui daigne encor l'aimer:
Ainsi que ses bienfaits craindrez-vous sa vaillance?
Mais ils parlent en vain; lorsque Louis s'avance,
Leur génie est dompté, l'Anglais est abattu,
Et la férocité le cède à la vertu.

 Clare avec l'Irlandais, qu'animent nos exemples,
Venge ses rois trahis, sa patrie et ses temples.
Peuple sage et fidèle, heureux Helvétiens,
Nos antiques amis et nos concitoyens,
Votre marche assurée, égale, inébranlable,
Des ardents Neustriens suit la fougue indomptable.
Ce Danois, ce héros, qui des frimas du nord
Par le dieu des combats fut conduit sur ce bord,
Admire les Français qu'il est venu défendre,
Mille cris redoublés près de lui font entendre:
Rendez-vous ou mourez, tombez sous notre effort.
C'en est fait, et l'Anglais craint Louis et la mort.

 Allez, brave d'Estrée, achevez cet ouvrage:
Enchaînez ces vaincus échappés au carnage:
Que du roi qu'ils bravaient ils implorent l'appui;
Ils seront fiers encore, ils n'ont cédé qu'à lui.

 Bientôt vole après eux ce corps fier et rapide
Qui, semblable au dragon qu'il eut jadis pour guide,
Toujours prêt, toujours prompt, de pied ferme, en courant,
Donne de deux combats le spectacle effrayant.
C'est ainsi que l'on voit, dans les champs des Numides,
Différemment armés des chasseurs intrépides;
Les coursiers écumants franchissent les guérets;
On gravit sur les monts, on borde les forêts;

Les piéges sont dressés, on attend, on s'élance ;
Le javelot fend l'air, et le plomb le devance.
Les léopards sanglants, percés de coups divers,
D'affreux rugissements font retentir les airs,
Dans le fond des forêts ils vont cacher leur rage.
 Ah ! c'est assez de sang, de meurtre, de ravage ;
Sur des morts entassés c'est marcher trop long-temps.
Noailles, ramenez vos soldats triomphants ;
Mars voit avec plaisir leurs mains victorieuses
Traîner dans notre camp ces machines affreuses,
Ces foudres ennemis contre nous dirigés.
Venez lancer ces traits que leurs mains ont forgés;
Qu'ils renversent par vous les murs de cette ville,
Du Batave indécis la barrière et l'asile.
Ces premiers fondements de l'empire des lis,
Puissent-ils par vos mains être enfin raffermis !
 Déjà Tournai se rend, déjà Gand s'épouvante :
Charles-Quint s'en émeut, son ombre gémissante
Pousse un cri dans les airs, et fuit de ce séjour
Où pour vaincre autrefois le ciel le mit au jour.
Il fuit : mais quel objet pour cette ombre alarmée !
Il voit ces vastes champs couverts de notre armée ;
L'Anglais deux fois vaincu, cédant de toutes parts,
Dans les mains de Louis laissant ses étendards ;
Le Belge en vain caché dans ses villes tremblantes,
Les murs de Gand tombés sous ses mains foudroyantes,
Et son char de victoire, en ces vastes remparts,
Écrasant le berceau du plus grand des Césars,
Français ! heureux guerriers, vainqueurs doux et terribles,
Revenez, suspendez dans nos temples paisibles
Ces armes, ces drapeaux, ces étendards sanglants ;
Que vos chants de victoire animent tous nos chants.

Les palmes dans les mains nos peuples vous attendent ;
Nos cœurs volent vers vous, nos regards vous demandent.
Vos mères, vos enfants, près de vous empressés,
Encor tout éperdus de vos périls passés,
Vont baigner, dans l'excès d'une ardente allégresse,
Vos fronts victorieux de larmes de tendresse.
Accourez, recevez à votre heureux retour
Le prix de la vertu par les mains de l'amour.

FIN DU POEME DE FONTENOI.

PRÉCIS

DE L'ECCLÉSIASTE,

ET

DU CANTIQUE DES CANTIQUES.

ÉPITRE DÉDICATOIRE

AU

ROI DE PRUSSE.

SIRE,

On impute au troisième roi de la Judée le petit livre de l'Ecclésiaste. Je dédie le précis de cet ouvrage au troisième roi de Prusse, qui pense comme Salomon paraît penser, et qui a souvent exprimé les mêmes sentiments avec plus de méthode et plus d'énergie.

Quel que soit l'auteur de l'Ecclésiaste, il est certain qu'il était philosophe; et il n'est pas si certain qu'il fût roi. Vous êtes l'un et l'autre; ainsi vous réunissez tout ce qu'il y a, dit-on, de mieux sur la terre.

Des cuistres ignorants, qui détestaient les philosophes et qui n'aimaient pas les rois, ont condamné ce petit Précis de l'Ecclésiaste, apparemment parce qu'il est en vers; car ces messieurs ne sont pas plus touchés de la poésie que de la philosophie. C'est une nouvelle raison pour dédier

cet ouvrage à votre majesté. Elle a sur Salomon
l'avantage de faire des vers, et de n'être point
tiraillée par sept cents épouses, dites légitimes
et par trois cents drôlesses, dites concubines ou
femmes du second rang, ce qui ne convient pas
trop à un sage.

L'Ecclésiaste a été inspiré par le SAINT-ESPRIT
la traduction libre que je mets à vos pieds n'a été
inspirée que par la raison : ainsi le traducteur
peut être tombé dans des erreurs grossières. Il a
pu, sans le savoir, hasarder des paroles mal son-
nantes et sentant l'hérésie : mais, comme votre
majesté est hérétique, elle ne s'en offensera pas.
Elle continuera à me donner sa protection contre
les sots, dont elle est accoutumée à triomphe
comme de ses ennemis.

AVERTISSEMENT.

Soit que l'Ecclésiaste ait été effectivement composé par Salomon, soit qu'un autre auteur inspiré ait fait parler ce sage, ce livre a toujours été regardé comme un monument précieux, et l'est d'autant plus, qu'on y trouve plus de philosophie. Il montre le néant des choses humaines ; il conseille en même temps l'usage raisonnable des biens que Dieu a donnés aux hommes. Il ne fait pas de la sagesse un fantôme hideux et révoltant ; c'est un cours de morale fait pour les gens du monde. C'est pourquoi on a cru ce livre de l'Écriture préférable à tout autre, pour en donner un précis en vers, et pour le présenter à la personne respectable à qui on a eu l'honneur de l'adresser.

Il n'aurait pas été possible de le traduire d'un bout à l'autre avec succès ; le style oriental est trop différent du nôtre. L'esprit divin, qui s'élève au-dessus de nos idées, néglige la méthode : il ne fait point difficulté de répéter souvent les mêmes pensées et les mêmes expressions ; il passe rapidement d'un objet à un autre ; il revient sur ses pas ;

14.

il ne craint ni les contradictions apparentes que notre esprit borné est obligé de concilier, ni les grandes hardiesses que notre faiblesse est dans la nécessité d'adoucir.

Le sentiment de sa propre insuffisance a forcé le traducteur à rassembler en un corps les idées qui sont répandues dans ce livre avec une sublime profusion; à y mettre une liaison nécessaire pour nous, et un ordre qui était inutile à l'Esprit saint; et enfin à prendre un vol moins hardi, convenable à un laïque qui donne l'abrégé d'un livre divin.

PRÉCIS
DE L'ECCLÉSIASTE.

Dans ma bouillante jeunesse,
J'ai cherché la volupté;
J'ai savouré son ivresse :
De mon bonheur dégoûté,
Dans sa coupe enchanteresse
J'ai trouvé la vanité.

    La grandeur et la richesse
Dans l'âge mûr m'ont flatté :
Les embarras, la tristesse,
L'ennui, la satiété,
Ont averti ma vieillesse
Que tout était vanité.

    J'ai voulu de la science
Pénétrer l'obscurité.
O nature, abîme immense!
Tu me laisses sans clarté;
J'ai recours à l'ignorance :
Le savoir est vanité.

TEXTE.

Vanité des vanités, tout est vanité. J'ai dit dans
mon cœur : Je vais me plonger dans les délices, et
j'ai trouvé encore que cela est vanité. Je me suis
proposé d'examiner tout ce qui est sous le soleil,
et c'est une très-mauvaise occupation.... J'ai voulu

De quoi m'aura servi ma suprême puissance,
Qui ne dit rien aux sens, qui ne dit rien au cœur ?
Brillante opinion, fantôme de bonheur,
Dont jamais en effet on n'a la jouissance.

J'ai cherché ce bonheur qui fuyait de mes bras,
Dans mes palais de cédre, aux bords de cent fontaines ;
Je le redemandais aux voix de mes sirènes :
Il n'était point dans moi ; je ne le trouvais pas.

J'accablai mon esprit de trop de nourriture ;
A prévenir mon goût j'épuisai tous mes soins ;
Mais mon goût s'émoussait en fuyant la nature.
Il n'est de vrais plaisirs qu'avec de vrais besoins.

Je me suis fait une étude
De connaître les mortels ;

TEXTE.

connaître la doctrine et les erreurs... et c'est une affliction d'esprit. J'ai entrepris de grandes choses, j'ai bâti des palais, etc... J'ai eu des esclaves, j'ai fait de grands amas d'or... et j'ai vu en tout cela vanité et affliction d'esprit.

J'ai fait de grands amas d'or ; j'ai accumulé les substances des provinces ; j'ai eu des musiciens et des musiciennes... j'ai construit des palais, j'ai planté des jardins... je ne me suis refusé à aucun désir... j'ai reconnu qu'il n'y avait que vanité et affliction d'esprit... La vie m'est devenue insupportable... j'ai regardé ensuite avec détestation mes applications... après avoir cherché en vain la doctrine de la sagesse.

J'ai vu leurs chagrins cruels,
Et leur vague inquiétude,
Et la secrète habitude
De leurs penchants criminels.
    L'artiste le plus habile
Fut le moins récompensé;
Le serviteur inutile
Était le plus caressé;
Le juste fut traversé;
Le méchant parut tranquille.
    Tu viens de trahir l'amour,
Et tu ris, beauté volage;
Un nouvel amant t'engage,
T'aime et te quitte en un jour;
Et, dans l'instant qu'il t'outrage,
On le trahit à son tour.
J'entends siffler partout les serpents de l'envie :
Je vois par ses complots le mérite immolé.
L'innocent confondu traîne une affreuse vie;
Il s'écrie en mourant : Nul ne m'a consolé.
    Le travail, la vertu pleurent sans récompense;
La calomnie insulte à leurs cris douloureux;
Et du riche amolli la stupide insolence
Ne sait pas seulement s'il est des malheureux.

TEXTE.

J'ai tourné mes pensées ailleurs; j'ai vu que
sous le soleil le prix n'était point pour celui qui
avait le mieux couru, ni le triomphe pour le plus
courageux, ni la faveur pour l'artiste le plus ha-
bile, etc.,..

Il l'est pourtant lui-même ; un éternel orage,
Promène de son cœur les désirs inquiets ;
Il hait son héritier, qui le hait davantage ;
Il vit dans la contrainte, et meurt dans les regrets.

Dans leur course vagabonde
Les mortels sont entraînés ;
Frêles vaisseaux que sur l'onde
Battent les vents mutinés,
Et dans l'océan du monde
Au naufrage destinés !

D'espérances mensongères
Nous vivons préoccupés :
Tous les malheurs de nos pères
Ne nous ont point détrompés ;
Nous éprouvons les misères
Dont nos fils seront frappés.

Rien de nouveau sur la terre !
On verra ce qu'on a vu,
Le droit affreux de la guerre,
Par qui tout est confondu,
Et le vice et la vertu
En butte aux coups du tonnerre.

Le sage et l'imprudent, et le faible et le fort,
Tous sont précipités dans les mêmes abîmes ;

TEXTE

J'ai porté mon esprit ailleurs, j'ai vu les calom-
nies ; l'innocent en larmes, sans secours et sans
consolateur... Un étranger dévorera toutes vos ri-
chesses après vous, et c'est là encore une très-
grande misère...

Le cœur juste et sans fiel, le cœur pétri de crimes,
Tous sont également les vains jouets du sort.

Le même champ nourrit la brebis innocente,
Et le tigre odieux qui déchire son flanc :
Le tombeau réunit la race bienfaisante,
Et les brigands cruels, enivrés de son sang.

En vain par vos travaux vous courez à la gloire,
Vous mourez : c'en est fait, tout sentiment s'éteint ;
Vous n'êtes ni chéri, ni respecté, ni plaint ;
La mort ensevelit jusqu'à votre mémoire.

  Que la vie a peu d'appas !
  Cependant on la désire,
  Plus de plaisirs, plus d'empire
  Dans les horreurs du trépas.

TEXTE.

Qu'est-ce qui a été ? ce qui sera. Qu'est-ce qui
est fait ? ce qui se fera encore : rien de nouveau
sous le soleil. Ne dites point que les premiers temps
ont été meilleurs que ceux d'aujourd'hui ; c'est le
discours d'un fou.

Le juste périt dans sa justice, et le méchant vit
long-temps dans sa malice... Tout arrive également
au juste et à l'injuste, au pur et à l'impur, à celui
qui offre des sacrifices et à celui qui n'en offre pas.
Le parjure est traité comme l'homme ami de la vé-
rité... Les vivants savent qu'ils doivent mourir ;
mais les morts ne connaissent plus rien ; il ne leur
reste plus de récompense. L'amour, la haine,
l'envie, périssent avec eux...

Un lion mort ne vaut pas
Un moucheron qui respire.

O mortel infortuné !
Soit que ton âme jouisse
Du moment qui t'est donné,
Soit que la mort le finisse,
L'un et l'autre est un supplice ;
Il vaut mieux n'être point né.

Le néant est préférable
A nos funestes travaux,
Au mélange lamentable
Des faux biens et des vrais maux,
A notre espoir périssable
Qu'engloutissent les tombeaux.

Quel homme a jamais su par sa propre lumière
Si, lorsque nous tombons dans l'éternelle nuit,
Notre âme avec nos sens se dissout tout entière ;
Si nous vivrons encore, ou si tout est détruit ?

TEXTE.

Qu'un homme ait eu cent enfants, qu'il ait vécu
long-temps, et qu'il n'ait pas joui de ses richesses,
je prononce qu'un avorton vaut mieux que lui :
c'est en vain qu'il est né ; il va dans les ténèbres,
et son nom dans l'oubli.... Et j'ai préféré l'état des
morts à celui des vivants ; et j'ai estimé plus heu-
reux celui qui n'est pas né encore, et qui n'a point
vu les maux qui sont sous le soleil... Un chien vi-
vant vaut mieux qu'un lion mort.

Des plus vils animaux Dieu soutient l'existence ;
Ils sont, ainsi que nous, les objets de ses soins ;
Il borna leur instinct et notre intelligence ;
Ils ont les mêmes sens et les mêmes besoins.

Ils naissent comme nous, ils expirent de même :
Que deviendra leur âme au jour de leur trépas ?
Que deviendra la nôtre à ce moment suprême ?
Humains, faibles humains, vous ne le savez pas.
            Cependant l'homme s'égare
        Dans ses travaux insensés.
        Les biens dont l'Inde se pare,

TEXTE.

J'ai dit en mon cœur : Dieu met en probation
les enfants des hommes ; il montre qu'ils sont sem-
blables aux bêtes. Les hommes meurent comme
les bêtes, leur sort est égal, ils respirent de même ;
l'homme n'a rien de plus que la bête. Tout est va-
nité ; tout tend au même lieu : ils ont tous été tirés
de la terre, ils iront tous en terre. Qui connaît si
l'âme des hommes monte en haut, et si l'âme des
bêtes descend en bas ?

N. B. L'Ecclésiaste semble s'exprimer ici avec
une dureté qui convenait sans doute à son temps,
et qui doit être adoucie dans le nôtre. Ainsi l'au-
teur du *Précis* ne dit point, *l'homme n'a rien de
plus que la bête* ; mais, *qui sait, par sa propre lu-
mière, si l'homme n'a rien de plus que la bête ?* c'est
le sens de l'Ecclésiaste. L'homme ne sait rien par
lui-même ; il a besoin de la foi.

Avec fureur amassés,
Sont vainement entassés
Dans les trésors de l'avare.
   Ce monarque ambitieux
Menaçait la terre entière :
Il tombe dans sa carrière ;
Et ce géant sourcilleux,
Ce front qui touchait aux cieux,
Est caché dans la poussière.
   La beauté dans son printemps
Brille pompeuse et chérie,
Semblable à la fleur des champs,
Le matin épanouie,
Le soir livide et flétrie,
En horreur à ses amants.

TEXTE.

Un homme quelquefois domine pour son propre
malheur. Un homme est seul sans enfants ni frères,
cependant il travaille sans cesse. Il est insatiable
de richesses ; il ne lui vient point dans l'esprit de
se dire : Pour qui est-ce que je travaille ?... La
femme est plus amère que la mort.

Lorsque les gardes de la maison (c'est-à-dire les
jambes) commenceront à trembler ; quand celles
qui doivent moudre (c'est-à-dire les dents) seront
en petit nombre et oisives ; quand l'amandier fleu-
rira (c'est-à-dire, quand la tête sera chauve), que
les capres se dissiperont (c'est-à-dire, que les
cheveux seront tombés) ; quand la chaîne d'argent
sera rompue, que le ruban d'or se retirera, que la

Ainsi tout se corrompt, tout se détruit, tout passe.
Mon oreille bientôt sera sourde aux concerts;
La chaleur de mon sang va se tourner en glace:
D'un nuage épaissi mes yeux seront couverts.

Des vins du mont Liban la sève nourrissante
Ne pourra plus flatter mes languissants dégoûts;
Courbé, traînant à peine une marche pesante,
J'approcherai du terme où nous arrivons tous.

Je ne vous verrai plus, beautés dont la tendresse
Consola mes chagrins, enchanta mes vieux jours.
O charme de la vie! ô précieuse ivresse!
Vous fuyez loin de moi, vous fuyez pour toujours.

  Du temps qui périt sans cesse
 Saisissons donc les moments:
 Possédons avec sagesse.
 Goûtons sans emportements
 Les biens qu'à notre jeunesse
 Donnent les cieux indulgents.
  Que les plaisirs de la table,
 Les entretiens amusants,
 Prolongent pour nous le temps;

TEXTE.

cruche se cassera sur la fontaine (c'est-à-dire,
quand on ne sera plus propre aux plaisirs), etc.

Et j'ai reconnu qu'il n'y a rien de meilleur à
l'homme que de se réjouir dans ses œuvres, et que
c'est là son partage; car qui le ramènera de la mort
pour connaître l'avenir?... Ne vaut-il pas mieux
manger et boire, et faire plaisir à son cœur avec le
fruit de ses travaux? cela même est de Dieu. J'ai

Et qu'une compagne aimable
M'inspire un amour durable,
Sans trop régner sur mes sens.
Mortel, voilà ton partage
Par les destins accordé ;
Sur ces biens, sur leur usage
Ton vrai bonheur est fondé :
Qu'ils soient possédés du sage
Sans qu'il en soit possédé.
Usez, n'abusez point, ne soyez point en proie
Aux désirs effrénés, au tumulte, à l'erreur.
Vous m'avez affligé, vains éclats de la joie ;
Votre bruit m'importune, et le rire est trompeur.

TEXTE.

donc cru qu'il est bon que l'homme mange et
boive, et qu'il jouisse gaîment du fruit de son
travail pendant sa vie ; car c'est là sa portion. Et
quand Dieu lui a donné biens et richesses, et pou-
voir d'en jouir, c'est un don de Dieu. Et j'ai re-
connu qu'il n'y a rien de meilleur que de se réjouir
et de bien faire.

J'ai réputé le rire une erreur, et j'ai dit à la
joie : Pourquoi t'es-tu trompée ? Marchez selon les
voies de votre cœur et de vos yeux, mais songez
que Dieu vous demandera compte. Éloignez le mal
de vous... Mangez votre pain, buvez votre vin
avec joie ; jouissez de la vie avec la femme que vous
aimez... car c'est là votre portion dans la vie, et
dans le travail qui vous exerce sous le soleil.

Réjouissez-vous donc, jeune homme, dans votre

Dieu nous donna des biens, il veut qu'on en jouisse ;
Mais n'oubliez jamais leur cause et leur auteur,
Et, lorsque vous goûtez sa divine faveur,
O mortels, gardez-vous d'oublier sa justice.

Aimez ces biens pour lui, ne l'aimez point pour eux ;
Ne pensez qu'à ses lois, car c'est là tout votre être.
Grand, petit, riche, pauvre, heureux ou malheureux,
Étranger sur la terre, adorez votre maître.

    N'affectez point les éclats
D'une vertu trop austère ;
La sagesse atrabilaire
Nous irrite et n'instruit pas.
C'est à la vertu de plaire :
Le vice a bien moins d'appas.
    Indulgent pour la faiblesse
Que vous voyez en autrui,
Qu'il trouve en vous un appui ;
Que son sort vous intéresse.
Hélas ! malgré la sagesse,
Vous tomberez comme lui.
    Favori de la nature,
Le climat le plus vanté,

TEXTE.

jeunesse ; que votre cœur soit dans l'allégresse, etc...
Craignez Dieu, observez ses lois, car c'est là le
tout de l'homme.

Ne soyez pas plus juste et plus sage qu'il ne
faut, de peur d'être stupide. Il est bon de soutenir
le juste ; mais ne retirez pas votre main de celui
qui ne l'est pas. Il n'y a point de juste sur la terre
qui ne pèche, etc...

15.

Par les vents, par la froidure,
Voit son espoir avorté;
Et la vertu la plus pure
A ses temps d'iniquité.

Répandez vos bienfaits avec magnificence ;
Même aux moins vertueux ne les refusez pas;
Ne vous informiez point de leur reconnaissance ;
Il est grand, il est beau de faire des ingrats.

Laissez parler les cours et crier le vulgaire;
Leur langue est indiscrète, et leurs yeux sont jaloux,
De leurs suffrages faux dédaignez le salaire:
Dieu vous voit, il suffit, qu'il règne seul sur vous.

L'homme est un vil atome, un point dans l'étendue :
Cependant du plus haut des palais éternels,
Dieu sur notre néant daigne abaisser sa vue :
C'est lui seul qu'il faut craindre, et non pas les mortels.

TEXTE.

Répandez votre pain sur les eaux qui passent,
c'est-à-dire, faites également du bien à tout le
monde, etc... Ne faites point attention aux choses
qui se disent de vous. Dieu vous fera rendre
compte en sa justice de ce que vous avez fait en
bien ou en mal.

FIN DU PRÉCIS DE L'ECCLÉSIASTE.

AVERTISSEMENT.

Après avoir donné le Précis de l'Ecclésiaste, qui est l'ouvrage le plus philosophique de l'ancienne Asie, voici le Précis du Cantique des Cantiques; c'est le poëme le plus tendre, et même le seul de ce genre qui nous soit resté de ces temps reculés. Tout y respire une simplicité de mœurs qui seule rendrait ce petit poëme précieux. On y voit même une esquisse de la poésie dramatique des Grecs. Il y a des chœurs de jeunes filles et de jeunes hommes qui se mêlent quelquefois au dialogue des deux personnages. Les deux interlocuteurs sont le *Chaton* et la *Sulamite*. *Chaton* est le mot hébreu qui signifie l'amant ou le fiancé; la *Sulamite* est le nom propre de la fiancée. Plusieurs savants hommes ont attribué cet ouvrage à Salomon; mais on y voit plusieurs versets qui ont fait douter qu'il en puisse être l'auteur.

On a rassemblé les principaux traits de ce poëme pour en faire un petit ouvrage régulier qui en conservât tout l'esprit. Les répétitions et le désordre, qui étaient peut-être un mérite dans le style oriental, n'en sont point un dans le nôtre. On s'est

abstenu surtout scrupuleusement de toucher aux
sublimes et respectables allégories que les plus
graves docteurs ont tirées de cet ancien poëme;
et on s'en est tenu à la simplicité non moins res-
pectable du texte. Nous autres éditeurs nous ne
pouvons donner une idée plus claire de ces
choses qu'en imprimant la lettre de M. Eratou [1]
à M. Clocpître, aumônier de S. A. S. M. le
landgrave.

---

[1] Anagramme d'Arouet.

LETTRE DU TRADUCTEUR

DU CANTIQUE DES CANTIQUES.

J'APPRENDS avec mépris que le *Précis du Cantique des Cantiques* a encouru la censure de quelques ignorants qui font les entendus. Ces pauvres gens ont jugé un ouvrage hébreu, qui a environ trois mille ans d'antiquité, comme ils jugeraient un bouquet à Iris, ou une jouissance de l'abbé Tétu, ou une chanson de l'abbé de Lattaignant imprimée dans le *Mercure galant*. Ils ne connaissent que nos petits amours de ruelle, ce qu'on appelle *des conquêtes*; ils ne peuvent se faire une idée des temps héroïques ou patriarcaux; ils s'imaginent que la nature a été au fond de l'Asie ce qu'elle est dans la paroisse de Saint-André-des-Arts ou des Arcs, et dans la cour du Palais.

Il faut apprendre à ces pédants petits-maîtres qu'il y a toujours eu une grande différence entre les mœurs des Asiatiques qui n'ont jamais changé, et celles des badauds de Paris qui changent tous les jours. Ils doivent se mettre dans la tête que la princesse Nausicaa, fille du roi Alcinoüs, et l'épouse du *Cantique des Cantiques*, et la naïve parente de Booz, et Lia, et Rachel, n'ont rien du commun avec la femme ou la fille d'un marguillier.

Les chastes amours, la propagation de l'espèce humaine ne faisaient point rougir; on ne célébrait point l'adultère en chansons; on ne mettait point sur un théâtre d'opéra les amours les plus lascifs, avec l'approbation d'un censeur et la permission du lieutenant de police de Jérusalem.

Si les amours respectables de l'époux et de l'épouse commencent par ces mots : *Isaguni minsichot piho kytobem dodeka me yayin* : « Qu'il me baise d'un baiser de sa bouche, car sa gorge est meilleure que du vin; » c'est que l'auteur de ce cantique n'était pas né à Paris; c'est que ni notre galanterie, ni notre petit esprit critique, ni notre insolence pédantesque, n'étaient pas connus à Hershalaïm, vulgairement nommée Jérusalem.

Vous qui insultez à l'antiquité sans la connaître, vous qui n'êtes savants que dans la langue de l'opéra de Paris, du barreau de Paris, et des brochures de Paris; vous qui voulez que l'esprit divin emprunte votre style, osez lire le livre d'Ezéchiel ; vous serez scandalisés que Dieu ordonne au prophète de manger son pain couvert d'excréments humains, et qu'ensuite il change cet ordre en celui de manger son pain avec de la fiente de vache. Mais sachez que dans toute l'Arabie déserte on mange quelquefois de la bouse de vache; surtout que les plus vils excréments et le bourgeois le plus fier qui achète un office, sont absolument égaux aux yeux du Créateur, et même aux yeux du sage; que rien n'est ni dégoûtant, ni vil, ni

odieux devant la sagesse, sinon l'esprit d'igno-
rance et d'orgueil, qui juge de tout suivant ses
petits usages et ses petites idées.

Ceux qui ont osé regarder les expressions na-
turelles d'un amour légitime comme des expres-
sions profanes seraient bien étonnés s'ils lisaient le
seizième et le vingt-troisième chapitres d'Ezéchiel,
qu'ils n'ont jamais lus ; ils verront dans le seizième
que Dieu même compare Jérusalem à une jeune
fille pauvre, malpropre, dégoûtante. « J'ai eu
pitié de vous, dit-il ; je vous ai fait croître comme
l'herbe des champs. » *Et ubera tua intumuerunt,*
et pilus tuus germinavit, et eras nuda, et transivi per
te, et vidi te, et ecce tempus amantium, et extendi
amictum meum super te, et facta es mihi, et te lavavi
aquâ, et vestivi te discoloribus — et ornavi te orna-
mentis, et dedi armillas et torquem. .... Sed habens
fiduciam in pulchritudine tuâ — fornicata es cum
omni transeunte — et fecisti tibi simulacra masculina,
et fornicata es cum eis — et fecisti tibi lupanar, et
fornicata es cum vicinis magnarum carnium — et
dona donabas eis ut intrarent ad te undiquè ad
fornicandum.

Le vingt-troisième chapitre est encore beaucoup
plus fort. Ce sont les deux sœurs Oolla et Oliba
qui se sont abandonnées aux plus infâmes prosti-
tutions ; Oolla a aimé avec fureur de jeunes officiers
et de jeunes magistrats : *Oliba insanivit amore super*
concubitum eorum qui habent membra asinorum, et
sicut fluxus equorum fluxus eorum.

Vous voyez évidemment que dans ce temps-là on ne faisait point scrupule de découvrir ce qu nous voilons, de nommer ce que nous n'oson dire, et d'exprimer les turpitudes par les nom des turpitudes.

D'où vient notre délicatesse? c'est que plus le mœurs sont dépravées, plus les expressions de viennent mesurées. On croit regagner en parol ce qu'on a perdu en vertu. La pudeur s'est enfu des cœurs, et s'est réfugiée sur les lèvres. Le hommes sont enfin parvenus à vivre ensemb sans se dire jamais un seul mot de ce qu'ils sentet et de ce qu'ils pensent; la nature est partout d guisée; tout est un commerce de tromperie.

Rien de plus naturel, de plus ingénu, de pl simple, de plus vrai que le Cantique des Ca tiques; donc il n'est pas fait pour notre langu disent ces hypocrites qui lisent l'Aloïsia, et q prennent des airs graves en sortant des lieux q fréquentait Oliba.

La traduction que j'ai faite de cette ancien églogue hébraïque n'est point indécente; elle e tendre, elle est noble; elle n'est point recherch comme celle de Théodore de Bèze:

Ecce tu bellissima
His columbis, prædita
Patulis ocellulis,
Hinc et inde pendulis
Crispulis cincinnulis,

J'ai eu surtout l'attention de ne point tradui

les endroits dont l'esprit licencieux de quelques
jeunes gens abuse quelquefois. Plusieurs inter-
prètes n'ont fait aucune difficulté de traduire lit-
téralement ce passage : *Misit manum ad foramen,
et intremuit venter meus*; et cet autre : *Absque eo
quod intrinsecùs latet.*

Calmet même, en adoptant le sens dans lequel
Saint Jérôme entend ces paroles, ne craint point
de les expliquer par ce demi-vers d'Ovide :

..... *Si qua latent, meliora putat.*

Calmet était comptable aux savants des diverses
traductions de ces passages. Il devait rappeler les
usages anciens de l'Orient. Il n'écrivait ni pour
les mauvais plaisants, ni pour les insolents pé-
dants de nos jours; mais le devoir d'un commen-
tateur et celui d'un poëte ne sont pas les mêmes.
J'imite, je rédige, et je ne commente pas. J'ai dû re-
trancher ces images qui autrefois n'étaient que naï-
ves, et peuvent aujourd'hui paraître trop hardies.

Je n'ai donc rendu que les idées tendres; j'ai
supprimé celles qui vont plus loin que la ten-
dresse, et qui peuvent paraître trop physiques;
de même que j'ai adouci dans l'*Ecclésiaste* ce qui
pouvait paraître d'une métaphysique trop dure.
Ceux qui me reprochent d'avoir supprimé les
choses hardies n'ont pas fait assez d'attention au
temps présent; et ceux qui me reprochent d'avoir
fidèlement exprimé les autres n'ont aucune con-
naissance des temps passés.

En un mot, l'esprit du texte est entièrement conservé dans mon ouvrage. C'est ainsi que les princes de l'église de Rome en ont jugé ; et leur approbation a un peu plus de poids que les censures de quelques laïques qui n'entendent ni l'hébreu ni le grec ; qui savent très-peu de latin, parlent très-mal français, et se mêlent toujours de dire leur avis sur ce qui ne les regarde point.

———

PRÉCIS

DU

CANTIQUE DES CANTIQUES.

INTERLOCUTEURS.

LE CHATON, LA SULAMITE.

(Les compagnes, les amis du Chaton ne parlent pas.)

LE CHATON.

Que les baisers ravissants
De ta bouche demi-close
Ont enivré tous mes sens !
Les lis, les boutons de rose
De tes deux globes naissants
Sont à mon âme enflammée
Comme les vins bienfaisants
De la fertile Idumée,
Et comme le pur encens
Dont Tadmor est parfumée.

TEXTE.

Qu'il me baise, ou qu'elle me baise, de baisers de sa bouche; car vos mamelles sont meilleures que le vin; elles ont l'odeur du meilleur baume, et votre nom est une huile répandue.

Sous les murs des Pharaons,
A travers les beaux vallons,
Les cavales bondissantes
Ont moins de légèreté ;
Les colombes caressantes,
Dans leurs ardeurs innocentes,
Ont moins de fidélité.

LA SULAMITE.

J'ai peu d'éclat, peu de beauté, mais j'aime ;
Mais je suis belle aux yeux de mon amant :
Lui seul a fait ma joie et mon tourment.
Mon tendre cœur n'aime en lui que lui-même.
De mes parents la sévère rigueur
Me commanda de bien garder ma vigne ;
Je l'ai livrée au maître de mon cœur :
Le vendangeur en était assez digne.

LE CHATON.

Non, tu ne te connais pas,
O ma chère Sulamite !
Rends justice à tes appas,
N'ignore plus ton mérite.

TEXTE.

Mon amie, je te compare aux chevaux attelés
au char de Pharaon. Ah! que vous êtes belle ! vos
yeux sont comme des yeux de colombe.

Je suis noire, mais je suis belle comme les ta-
bernacles de Cédar, et comme les pelisses de Salo-
mon... Ne considérez pas que je suis trop brune ;
car c'est le soleil qui m'a hâlée. Mes parents m'ont
fait garder les vignes ; hélas! je n'ai pu garder ma
propre vigne.

Salomon dans son palais
A cent femmes, cent maitresses,
Seul objet de leurs tendresses,
Et seul but de tous leurs traits.
Mille autres sont renfermées.
Dans ce palais des plaisirs,
Et briguent par leurs soupirs
L'heureux moment d'être aimées.
Je ne possède que toi :
Mais ce sérail d'un grand roi,
Ces compagnes de sa couche,
Ces objets si glorieux,
N'ont point d'attrait qui me touche.
Rien n'approche sous les cieux
D'un sourire de ta bouche,
D'un regard de tes beaux yeux.
Sais-tu que ces grandes reines,
Dans leurs pompes si hautaines,
A ton aspect ont pâli?
Leur éclat s'en est terni,
Défaites, humiliées,
Malgré leur orgueil jaloux,
Toutes se sont écriées :
Elle est plus belle que nous!

TEXTE.

Si tu ne te connais pas la plus belle des femmes, va paître tes moutons et tes chevreaux... Il y a soixante reines, quatre-vingts concubines, et de jeunes filles sans nombre. Tu es seule ma colombe, ma parfaite. Les reines et les concubines t'ont admirée.

16.

LA SULAMITE.

Le maître heureux de mes sens, de mon âme,
De tous mes vœux, de tous mes sentiments,
Me fait goûter de fortunés moments.
Soutenez-moi, je languis, je me pâme,
Je meurs d'amour, versez sur moi des fleurs,
Inondez-moi des plus douces odeurs.
Que sur mon sein mon tendre amant repose;
Qu'en s'endormant de moi-même il dispose;
Qu'il soit à moi dans les bras du sommeil;
Que de ses mains il me tienne embrassée;
Que son image occupe ma pensée,
Et qu'il m'embrasse encore à son réveil.

    Chère idole que j'adore,
    Mon cœur a veillé toujours;
    Je me lève avant l'aurore,
    Je demande mes amours.
    Lit sacré, dépositaire
    Des mouvements de mon cœur,
    Des amours doux sanctuaire,
    Qu'as-tu fait de mon bonheur?
    Éveillez-vous, mes compagnes;
    Venez plaindre mon tourment;

TEXTE.

Mon bien-aimé est comme un bouquet de myrte,
il demeurera entre mes mamelles... Soutenez-moi
avec des fleurs, fortifiez-moi avec des fruits, car je
languis d'amour. Qu'il mette sa main gauche sur
ma tête, et que sa main droite m'embrasse.

Je dors, mais mon cœur veille.

Prés, ruisseaux, forêts, montagnes,
Rendez-moi mon cher amant.
Je l'ai perdu, le seul bien qui m'enchante!
Ah! je l'entends, j'entends sa voix touchante!
Il vient, il ouvre, il entre. Ah, je te voi!
Mon cœur s'échappe et s'envole après toi.

Hélas! une fausse image
Trompe mes yeux égarés;
Je ne vois plus qu'un nuage;
Les regrets sont le partage
De mes sens désespérés.

O mes compagnes fidèles,
Voyez mes craintes cruelles;
Adoucissez ma douleur;
Dites-moi quelle contrée,
Quelle terre est honorée
De l'objet de mon ardeur;
Quel Dieu m'en a séparée.

TEXTE.

J'ai cherché durant la nuit celui qu'aime mon
âme; je l'ai cherché, et je ne l'ai point trouvé.
Mon bien-aimé a passé sa main par le trou, et
mon ventre tressaillit à ce tact. J'ai ouvert la porte
à mon bien-aimé, mais il n'y était plus; mon âme
s'est liquéfiée. Je l'ai cherché, et je ne l'ai point
trouvé, etc.

Je vous conjure, filles de Jérusalem, si vous
trouvez mon bien-aimé, de lui dire que je languis
d'amour...

LES COMPAGNES DE LA SULAMITE.

Apprenez-nous quel est l'amant heureux
Qui vous retient dans de si douces chaines.
Nous partageons votre joie et vos peines ;
Nous chercherons cet objet de vos vœux.

LA SULAMITE.

Le vainqueur que j'idolâtre
Est le plus beau des humains :
L'amour forma de ses mains
Son sein plus blanc que l'albâtre ;
L'ébène de ses cheveux
Ombrage son front d'ivoire,
Ce front noble et gracieux,
Ce front couronné de gloire ;
Un feu pur est dans ses yeux.
Sous une telle figure
Descendent du haut des cieux

TEXTE.

LES FILLES.

Quel est le bien-aimé que vous aimez d'amour,
ô la plus belle des femmes ? etc.

LA SULAMITE.

Mon bien-aimé est blanc et rouge, choisi entre
mille ; ses cheveux sont comme des feuilles de pal-
mier, noirs comme un corbeau ; ses yeux sont
comme des pigeons sur le bord des eaux, lavés
dans du lait ; ses joues sont comme des parterres
d'aromates ; sa poitrine est comme un ivoire mar-
queté de saphirs, etc.

Les maîtres de la nature,
Ministres du Dieu des dieux.
Mais de son cœur vertueux
Si je faisais la peinture,
Vous le connaîtriez mieux.

LE CHATON.

Je vous retrouve, ô maîtresse chérie ;
Je vous revois, je vous tiens dans mes bras.
Dans mes jardins j'avais porté mes pas ;
Mais près de vous toute fleur est flétrie.
Charmant palmier, tige aimable et fleurie,
Je viens cueillir vos fruits délicieux.
Ciel ! que le temps est un bien précieux !
Tout le consume, et l'amour seul l'emploie.
Mes chers amis, qui partagez ma joie,
Buvez, chantez, célébrez ses attraits ;
Dans les bons vins que votre âme se noie ;
Je vais goûter des plaisirs plus parfaits.

TEXTE.

LES FILLES.

Où est allé votre bien-aimé ? nous l'irons chercher avec vous.

LE CHATON.

Je suis descendu dans le jardin des noyers, pour voir les fruits des vallées... Votre nez est comme la tour du mont Liban qui regarde vers Damas... votre taille est semblable à un palmier. J'ai dit : Je monterai sur le palmier, et j'en prendrai les fruits ; car vos mamelles sont comme des grappes de raisin, etc.

LA SULAMITE.

Paix du cœur, volupté pure,
Doux et tendre emportement,
Vous guérissez ma blessure;
Ne souffrez pas que j'endure
Un nouvel éloignement.
L'absence d'un seul moment
Est un moment de parjure.
Allons voir, allons tous deux
Voir nos myrtes amoureux;
Prenons soin de leur culture;
Redoublons nos tendres nœuds
Sur nos tapis de verdure;
Fuyons le bruyant séjour
De cette superbe ville.
Le village est plus tranquille,
Et la nature et l'amour
L'ont choisi pour leur asile.

TEXTE.

J'ai bu mon vin avec mon lait. Mangez, mes amis; buvez, enivrez-vous, mes très-chers amis.

LA SULAMITE.

Je suis à mon bien-aimé, et son cœur se retourne vers moi. Venez, sortons dans les champs, demeurons au village; levons-nous matin pour aller aux vignes : c'est là que je vous donnerai mes mamelles.

FIN DU PRÉCIS DU CANTIQUE DES CANTIQUES.

LA
GUERRE CIVILE
DE GENÈVE,
OU
LES AMOURS
DE ROBERT COVELLE.

POËME HÉROÏQUE,

Publié en 1768.

PROLOGUE.

On a si mal imprimé quelques chants de ce poëme, nous en avons vu des morceaux si défigurés dans différents journaux, on est si empressé de publier toutes les nouveautés dans l'heureuse paix dont nous jouissons, que nous avons interrompu notre édition de l'Histoire des anciens Babyloniens et des Gomérites, pour donner l'histoire véritable des dissensions présentes de Genève, mises en vers par un jeune Franc-Comtois, qui parait promettre beaucoup. Ses talents seront encouragés sans doute par tous les gens de lettres qui ne sont jamais jaloux les uns des autres, qui courent tous avec candeur au-devant du mérite naissant, qui n'ont jamais fait la moindre cabale pour faire tomber les pièces nouvelles, jamais écrit la moindre imposture, jamais accusé personne de sentiments erronés sur la grâce prévenante, jamais attribué à d'autres leurs obscurs écrits, et jamais emprunté de l'argent du jeune auteur en question pour faire imprimer contre lui de petits avertissements scandaleux.

Nous recommandons ce poëme à la protection des esprits fins et éclairés qui abondent dans notre province. Nous ne nous flattons pas que le sieur d'Hémeri [1] et le nommé Bruyset Ponthus, marchand libraire à Lyon, le laissent arriver jusqu'à Paris. On imprime aujourd'hui dans les provinces uniquement pour les provinces : Paris est une ville trop occupée d'objets sérieux pour être seulement informée de la Guerre de Genève. L'Opéra comique, le singe de Nicolet, les romans nouveaux, les actions des fermes et les actrices de l'Opéra fixent l'attention de Paris avec tant d'empire, que personne n'y sait, ni se soucie de savoir ce qui se passe au grand Caire, à Constantinople, à Moscou et à Genève. Mais nous espérons d'être lus des beaux esprits du pays de Gex, des Savoyards, des petits cantons suisses, de M. l'abbé de Saint-Gall, de M. l'évêque d'Annecy et de son chapitre, des révérends pères carmes de Fribourg, etc., etc. *Contenti paucis lectoribus.*

Nous avons suivi la nouvelle orthographe mitigée qui retranche les lettres inutiles, en conservant celles qui marquent l'étymologie des mots. Il nous a paru prodigieusement ridicule d'écrire *françois*, de ne pas distinguer les *Français* de *Saint François d'Assise* : de ne pas écrire *anglais* et *écossais* par un *a*, comme on orthographie *portugais*. Il nous semble palpable que, quand on prononce *j'aimais*, *je faisais*, *je plaisais* avec un *a*, comme on prononce *je hais*, *je fais*, *je plais*, il est tout-à-fait impertinent de ne pas mettre un *a* à tous ces

---

[1] Inspecteur de police et de la librairie de Paris.

mots, et de ne pas orthographier de même ce qu'on prononce absolument de même.

S'il y a des imprimeurs qui suivent encore l'ancienne routine, c'est qu'ils composent avec la main plus qu'avec la tête. Pour moi, quand je vois un livre où le mot *Français* est imprimé avec un o, j'avertis l'auteur que je jette là le livre, et que je ne le lis point.

J'en dis autant à Le Breton, imprimeur de l'Almanach royal : je ne lui paierai point l'almanach qu'il m'a vendu cette année. Il a eu la grossièreté de dire que M. le président... M. le conseiller... demeure dans le *cul-de-sac* de Menard, dans le *cul-de-sac* des Blancs-Manteaux, dans le *cul-de-sac* de l'Orangerie. Jusqu'à quand les Velches croupiront-ils dans leur ancienne barbarie ?

Hodiéque manent vestigia ruris.

Comment peut-on dire qu'un grave président demeure dans un cul ? passe encore pour Fréron : on peut habiter dans le lieu de sa naissance ; mais un président, un conseiller ! fi ! M. Le Breton, corrigez-vous, servez-vous du mot *impasse*, qui est le mot propre ; l'expression ancienne est *impasse*. Feu mon cousin Guillaume Vadé, de l'académie de Besançon, vous en avait averti. Vous ne vous êtes pas plus corrigé que nos plats auteurs à qui l'on montre en vain leurs sottises ; ils les laissent subsister, parce qu'ils ne peuvent mieux faire. Mais vous, M. Le Breton, qui avez du génie, comment dans le seul ouvrage où un illustre académicien dit que la vérité se trouve pouvez-vous glisser une infamie qui fait rougir les dames, à qui nous devons tous un si profond respect ? Par notre dame, M. Le Breton, je vous attends à l'année 1769.

~~~~~~~~~~~~~~~~~~~~~~~~~~~~~~~~

PREMIER POSTSCRIPT,

A ANDRÉ PRAULT, LIBRAIRE, QUAI DES AUGUSTINS.

Monsieur André Prault, vous avertissez le public, dans l'Avant-Coureur, n° 9, du lundi 29 février 1768, que, M. Le Franc de Pompignan ayant magnifiquement et superbement fait imprimer ses cantiques sacrés à ses dépens, vous les avez offerts d'abord pour dix-huit livres, ensuite pour seize; puis vous les avez mis à douze, puis à dix. Enfin vous les cédez pour huit francs, et vous avez dit dans votre boutique :

Sacrés ils sont, car personne n'y touche.

Je vous donnerai six francs d'un exemplaire bien relié, pourvu que vous n'appeliez jamais *culs-de-lampe* les ornements, les vignettes, les cartouches, les fleurons. Vous êtes parfaitement instruit qu'il n'y a nul rapport d'un fleuron à un cul, ni d'un cul à une lampe. Si quelque critique demande pourquoi je répète ces leçons utiles, je réponds que je répéterai jusqu'à ce qu'on se soit rangé à son devoir.

SECOND POSTSCRIPT,

A M. PANCKOUKE.

ET vous, M. Panckouke, qui avez offert par souscription le recueil de l'Année littéraire de maître Aliboron, dit Fréron, à dix sous le volume relié, sachez que cela est trop cher : deux sous et demi, s'il vous plait, M. Panckouke, et je placerai dans ma chaumière cet ouvrage entre Cicéron et Quintilien. Je me forme une assez belle bibliothèque dont je parlerai incessamment au roi ; mais je ne veux pas me ruiner.

TROISIÈME POSTSCRIPT,

AU MÊME.

JE ne veux pas vous ruiner non plus. J'apprends que vous imprimez mes fadaises in-4°, comme un ouvrage de bénédictin, avec estampes, fleurons, et point de cul-de-lampe. De quoi vous avisez-vous ? on aime assez les estampes dans ce siècle ; mais pour les gros recueils, personne ne les lit. Ne faites-vous pas quelquefois réflexion à la multitude innombrable de livres qu'on imprime tous les jours en Europe ? les plaines de Beauce ne pourraient pas les contenir. Si ce n'était le grand usage qu'on en fait dans votre ville au haut des maisons, il y aurait mille fois plus de livres que de gens qui

ne savent pas lire. La rage de mettre du noir sur
du blanc, comme dit Sady; le *scribendi cacoëthes*,
comme dit Horace, est une maladie dont j'ai été
attaqué, et dont je veux absolument me guérir :
tâchez de vous défaire de celle d'imprimer. Tenez-
vous-en au moins, en fait de belles-lettres, au
siècle de Louis XIV.

M. d'Aquin, que j'aime et que j'estime, a célébré,
à mon exemple, le siècle présent comme j'ai broché
le passé : il a fait un relevé des grands hommes
d'aujourd'hui. On y trouve dix-huit maîtres
d'orgues et quinze joueurs de violon, mademoi-
selle Petit-Pas, mademoiselle Pélissier, mademoi-
selle Chevalier, M. Cahusac, plusieurs basses-
tailles, quelques hautes-contre, neuf danseurs,
autant de danseuses. Tous ces talents sont fort
agréables, et les jeunes gens comme moi en sont
fort épris. Mais peut-être le siècle des Condé, des
Turenne, des Luxembourg, des Colbert, des Fé-
nélon, des Bossuet, des Corneille, des Racine,
des Boileau, des Molière, des La Fontaine, avait-il
quelque chose de plus imposant. Je puis me trom-
per ; je me défie toujours de mon opinion, et je
m'en rapporte à M. d'Aquin.

LA GUERRE CIVILE
DE GENÈVE.

CHANT PREMIER.

Auteur sublime, inégal et bavard,
Toi qui chantas le rat et la grenouille,
Daigneras-tu m'instruire dans ton art?
Poliras-tu les vers que je barbouille?
O Tassoni! plus long dans tes discours,
De vers prodigue, et d'esprit fort avare,
Me faudra-t-il dans mon dessein bizarre,
De tes langueurs implorer le secours?
Grand Nicolas, de Juvénal émule,
Peintre des mœurs, surtout du ridicule,
Ton style pur aurait pu me tenter:
Il est trop beau, je ne puis l'imiter.
A son génie il faut qu'on s'abandonne.
Suivons le nôtre, et n'invoquons personne.

    Au pied d'un mont que les temps ont pelé,
Sur le rivage où, roulant sa belle onde,
Le Rhône échappe à sa prison profonde,
Et court au loin par la Saône appelé,
On voit briller la cité genevoise,
Noble cité, riche, fière et sournoise;
On y calcule, et jamais on n'y rit.
L'art de Barême est le seul qui fleurit:

On hait le bal, on hait la comédie;
Du grand Rameau l'on ignore les airs.
Pour tout plaisir Genève psalmodie
Du bon David les antiques concerts,
Croyant que Dieu se plaît aux mauvais vers:
Des prédicants la morne et dure espèce
Sur tous les fronts y grave la tristesse.

    C'est en ces lieux que maître Jean Calvin,
Savant Picard, opiniâtre et vain,
De Paul, apôtre, imprudent interprète,
Disait aux gens que la vertu parfaite
Est inutile au salut du chrétien;
Que Dieu fait tout, et l'honnête homme rien.
Ses successeurs en foule s'attachèrent
A ce grand dogme, et très-mal le prêchèrent.
Robert Covelle était d'un autre avis:
Il prétendait que Dieu nous laisse faire;
Qu'il va donnant châtiment ou salaire
Aux actions, sans gêner les esprits.
Ses sentiments étaient assez suivis
Par la jeunesse, aux nouveautés encline.
Robert Covelle, au sortir d'un sermon,
Qu'avait prêché l'insipide Brognon,
Grand défenseur de la vieille doctrine,
Dans un réduit rencontra Catherine
Aux grands yeux noirs, à la fringante mine,
Qui laissait voir un grand tiers de téton
Rebondissant sous sa mince étamine.
Chers habitants de ce petit canton,
Vous connaissez le beau Robert Covelle,
Son large nez, son ardente prunelle,
Son front altier, ses jarrets bien dispos,

Et tout l'esprit qui brille en ses propos.
Jamais Robert ne trouva de cruelle.
Voici les mots qu'il dit à sa pucelle :
Mort de Calvin ! quel ennuyeux prêcheur
Vient d'annoncer à son sot auditoire
Que l'homme est faible, et qu'un pauvre pécheur
Ne fit jamais une œuvre méritoire ?
J'en veux faire une. Il dit, et dans l'instant,
O Catherine, il vous fait un enfant.
Ainsi Neptune, en rencontrant Philyre,
Et Jupiter, voyant au fond des bois
La jeune Io pour la première fois,
Ont abrégé le temps de leur martyre :
Ainsi David, vainqueur du Philistin,
Vit Betzabée, et lui planta soudain,
Sans soupirer, dans son pudique sein,
Un Salomon et toute son engeance :
Ainsi Covelle en ses amours commence :
Ainsi les rois, les héros et les dieux
En ont agi. Le temps est précieux.
    Bientôt Catin, dans sa taille arrondie,
Manifesta les œuvres de Robert.
Les gens malins ont l'œil toujours ouvert,
Et le scandale a la marche étourdie.
Tout fut ému dans les murs genevois.
Du vieux Picard on consulta les lois ;
On convoqua le sacré consistoire.
Trente pédants, en robe courte et noire,
Dans leur taudis vont siéger après boire,
Prêts à dicter leur arrêt solennel.
Ce n'était pas le sénat immortel
Qui s'assemblait sous la voûte éthérée,

Pour juger Mars avec sa Cythérée,
Surpris tous deux l'un sur l'autre étendus,
Tout palpitants, et s'embrassant tout nus.
La Catherine avait caché ses charmes.
Covelle aussi (de peur d'humilier
Le Sanhédrin, trop prompt à l'envier)
Cache avec soin ses redoutables armes.
   Du noir sénat le grave directeur
Est Jean Vernet, de maint volume auteur:
Le vieux Vernet, ignoré du lecteur,
Mais trop connu des malheureux libraires.
Dans sa jeunesse il a lu les saints pères,
Se croit savant, affecte un air dévot.
Broun est moins fat, et Néedham moins sot.
Les deux amants devant lui comparaissent.
A ces objets, à ces péchés charmants,
Dans sa vieille âme en tumulte renaissent
Les souvenirs des tendres passe-temps
Qu'avec Javotte il eut dans son printemps.
Il interroge; et sa rare prudence
Pèse à loisir sur chaque circonstance,
Le lieu, le temps, le nombre, la façon.
L'amour, dit-il, est l'œuvre du démon;
Gardez-vous bien de la persévérance;
Et dites-moi si les tendres désirs
Ont subsisté par-delà les plaisirs.
   Catin subit son interrogatoire,
Modestement jalouse de sa gloire,
Non sans rougir; car l'aimable pudeur
Est sur son front comme elle est dans son cœur.
Elle dit tout, rend tout clair et palpable,
Et fait serment que son amant aimable

Est toujours gai, devant, durant, après.
Vernet, content de ces aveux discrets,
Va prononcer la divine sentence.
Robert Covelle, écoutez à genoux.....
A genoux, moi !.... Vous-même !... Qui? moi !... Vous.
A vos vertus joignez l'obéissance.

   Covelle alors, à sa mâle éloquence
Donnant l'essor, et ranimant son feu,
Dit : « Je fléchis les genoux devant Dieu,
« Non devant l'homme, et jamais ma patrie
« A mon grand nom ne pourra reprocher
« Tant de bassesse et tant d'idolâtrie.
« J'aimerais mieux périr sur le bûcher
« Qui de Servet a consumé la vie ;
» J'aimerais mieux mourir avec Jean Hus,
« Avec Chausson et tant d'autres élus,
« Que m'avilir à rendre à mes semblables
« Un culte infâme et des honneurs coupables.
« J'ignore encor tout ce que votre esprit
« Peut en secret penser de Jésus-Christ ;
« Mais il fut juste, et ne fut point sévère.
« Jésus fit grâce à la femme adultère ;
« Il dédaigna de tenir à ses pieds
« Ses doux appas de honte humiliés.
« Et vous, pédants, cuistres de l'évangile,
« Qui prétendez remplacer en fierté
« Ce qui chez vous manque en autorité,
« Nouveaux venus, troupe vaine et futile,
« Vous oseriez exiger un honneur
« Que refusa Jésus-Christ mon Sauveur !
« Tremblez, cessez d'insulter votre maître.....
« Tu veux parler, tais-toi, Vernet.... Peut-être

« Me diras-tu qu'aux murs de Saint-Médard
« Trente prélats, tous dignes de la hart,
« Pour exalter leur sacré caractère,
« Firent fesser Louis le Débonnaire,
« Sur un cilice étendu devant eux ?
« Louis était plus bête que pieux.
« La discipline, en ces jours odieux,
« Était d'usage, et nous venait du Tibre.
« C'était un temps de sottise et d'erreur.
« Ce temps n'est plus ; et si ce déshonneur
« A commencé par un vil empereur,
« Il finira par un citoyen libre. »
    A ce discours, tous les bons citadins ,
Pressés en foule à la porte, applaudirent,
Comme autrefois les chevaliers romains
Battaient des pieds et claquaient des deux mains
Dans le Forum, alors qu'ils entendirent
De Cicéron les beaux discours diffus
Contre Verrès, Antoine et Céthégus ;
Ses tours nombreux, son éloquente emphase,
Et les grands mots qui terminaient sa phrase.
Tel de plaisir le parterre enivré
Fit retentir les clameurs de la joie,
Quand l'*Ecossaise* abandonnait en proie
Aux ris moqueurs du public éclairé
Ce lourd Fréron, diffamé par la ville
Comme un bâtard du bâtard de Zoïle.

    Six cents bourgeois proclamèrent soudain
Robert Covelle heureux vainqueur des prêtres,
Et défenseur des droits du genre humain.
Chacun embrasse et Robert et Catin :
Et, dans leur zèle, ils tiennent pour des traîtres

Les prédicants qui, de leurs droits jaloux,
Dans la cité voudraient faire les maitres,
Juger l'amour et parler de genoux.
   Ami lecteur, il est dans cette ville
De magistrats un sénat peu commun,
Et peu connu. Deux fois douze plus un,
Font le complet de cette troupe habile.
Ces sénateurs, de leur place ennuyés,
Vivent d'honneur, et sont fort mal payés.
On ne voit point une pompe orgueilleuse
Environner leur marche fastueuse ;
Ils vont à pied comme les Manlius,
Les Curius et les Cincinnatus.
Pour tout éclat, une énorme perruque
D'un long boudin cache leur vieille nuque,
Couvre l'épaule et retombe en anneaux ;
Cette crinière a deux pendants égaux,
De la justice emblème respectable.
Leur col est roide, et leur front vénérable
N'a jamais su pencher d'aucun côté,
Signe d'esprit et preuve d'équité.
Les deux partis devant eux se présentent,
Plaident leur cause, insistent, argumentent :
De leurs clameurs le tribunal mugit ;
Et plus on parle, et moins on s'éclaircit.
L'un se prévaut de la sainte Écriture ;
L'autre en appelle aux lois de la nature ;
Et tous les deux décochent quelque injure
Pour appuyer le droit et la raison.
   Dans le sénat il était un Caton,
Paul Galatin, syndic de cette année,
Qui crut l'affaire en ces mots terminée :

« Vos différends pourraient s'accommoder.

« Vous avez tous l'art de persuader.

« Les citoyens et l'éloquent Covelle

« Ont leurs raisons.... les vôtres ont du poids....

« C'est ce qui fait.... l'objet de la querelle....

« Nous en pourrons parler une autre fois....

« Car.... en effet... il est bon qu'on s'entende....

« Il faut savoir ce que chacun demande....

« De tout État l'Église est le soutien....

« On doit surtout penser au.... citoyen....

« Les blés sont chers et la disette est grande.

« Allons diner.... les genoux n'y font rien. »

　A ce discours, à cet arrêt suprême,

Digne en tout sens de Thémis elle-même,

Les deux partis, également flattés,

Également l'un et l'autre irrités,

Sont résolus de commencer la guerre.

O guerre horrible! ô fléau de la terre!

Que deviendront Covelle et ses amours?

Des bons bourgeois le bras les favorise;

Mais les bourgeois sont un faible secours

Quand il s'agit de combattre l'Église.

Leur premier feu bientôt se ralentit,

Et pour l'éteindre un dimanche suffit.

Au cabaret on est fier, intrépide;

Mais au sermon qu'on est sot et timide!

Qui parle seul a raison trop souvent.

Sans rien risquer, sa voix peut nous confondre.

Un temps viendra qu'on pourra lui répondre;

Ce temps est proche, et sera fort plaisant.

FIN DU PREMIER CHANT.

CHANT SECOND.

QUAND deux partis divisent un empire,
Plus de plaisir, plus de tranquillité,
Plus de tendresse, et plus d'honnêteté;
Chaque cerveau, dans sa moelle infecté,
Prend pour raison les vapeurs du délire;
Tous les esprits, l'un par l'autre agité,
Vont redoublant le feu qui les inspire:
Ainsi qu'à table un cercle de buveurs,
Faisant au vin succéder les liqueurs,
Tout en buvant demande encore à boire,
Verse à la ronde, et se fait une gloire,
En s'enivrant, d'enivrer son voisin.

Des prédicants le bataillon divin,
Ivre d'orgueil et du pouvoir suprême,
Avait déjà prononcé l'anathème;
Car l'hérétique excommunie aussi.
Ce sacré foudre est lancé, sans merci,
Au nom de Dieu. Genève imite Rome,
Comme le singe est copiste de l'homme.
Robert Covelle et ses braves bourgeois
Font peu de cas des foudres de l'Église:
On en sait trop; on lit l'Esprit des Lois.
A son pasteur l'ouaille est peu soumise.
Le fier Rodon, l'intrépide Flournois,
Pallard le riche, et le disert Clavière,
Vont envoyer, d'une commune voix,

Les prédicants prêcher dans la rivière.
On s'y dispose : et le vaillant Rodon
Saisit déjà le sot prêtre Brognon
A la braguette, au collet, au chignon ;
Il le soulève ainsi qu'on vit Hercule,
En déchirant la robe qui le brûle,
Lancer d'un jet le malheureux Lychas.

Mais, ô prodige ! et qu'on ne croira pas,
Tel est l'ennui dont la sage nature
Dota Brognon, que sa seule figure
'Peut assoupir, et même sans prêcher,
Tout citoyen qui l'oserait toucher.
Rien n'y résiste, homme, femme, ni fille.
Maître Brognon ressemble à la torpille ;
Elle engourdit les mains des matelots
Qui de trop près la suivent sur les flots.
Rodon s'endort, et Pallard le secoue ;
Brognon gémit étendu dans la boue.

Tous les pasteurs étaient saisis d'effroi.
Ils criaient tous au secours, à la loi !
A moi, chrétiens, femmes, filles à moi !
A leurs clameurs une troupe dévote,
Se rajustant, descend de son grenier ;
Et crie, et pleure, et se retrousse, et trotte,
Et porte en main Saurin et le psautier :
Et les enfants vont pleurant après elles,
Et les amants donnant le bras aux belles,
Diacre, maçon, corroyeur, pâtissier,
D'un flot subit inondent le quartier.
La presse augmente, on court, on prend les armes ;
Qui n'a rien vu donne le plus d'alarmes :
Chacun pense être à ce jour si fatal

Où l'ennemi, qui s'y prit assez mal,
Aux pieds des murs vint planter ses échelles,
Pour tuer tout, excepté les pucelles.

Dans ce fracas, le sage et doux Dolot
Fait un grand signe, et d'abord ne dit mot.
Il est aimé des grands et du vulgaire;
Il est poëte, il est apothicaire,
Grand philosophe, et croit en Dieu pourtant;
Simple en ses mœurs, il est toujours content,
Pourvu qu'il rime, et pourvu qu'il remplisse
De ses beaux vers le Mercure de Suisse.
Dolot s'avance, et, dès qu'on s'aperçut
Qu'il prétendait parler à des visages,
On l'entoura; le désordre se tut.

Messieurs, dit-il, vous êtes nés tous sages;
Ces mouvements sont des convulsions.
C'est dans le foie, et surtout dans la rate,
Que Galien, Nicomaque, Hippocrate,
Tous gens savants, placent les passions.
L'âme est du corps la très-humble servante;
Vous le savez, les esprits animaux
Sont fort légers, et s'en vont aux cerveaux
Porter le trouble avec l'humeur peccante.
Consultons tous le célèbre Tronchin;
Il connaît l'âme, il est grand médecin:
Il peut beaucoup dans cette épidémie:
Tronchin sortait de son académie,
Lorsque Dolot disait ces derniers mots.
Sur son beau front siége le doux repos;
Son nez romain dès l'abord en impose;
Ses yeux sont noirs, ses lèvres sont de rose;
Il parle peu, mais avec dignité.

Son air de maitre est plein d'une bonté
Qui tempérait la splendeur de sa gloire.
Il va tâtant le pouls du consistoire,
Et du conseil, et des plus gros bourgeois.

Sur eux à peine il a placé ses doigts,
O de son art merveilleuse puissance!
O vanités! ô fatale science!
La fièvre augmente; un délire nouveau
Avec fureur attaque tout cerveau.
J'ai vu souvent, près des rives du Rhône,
Un serviteur de Flore et de Pomone,
Par une digue arrêtant de ses mains
Le flot bruyant qui fond sur ses jardins:
L'onde s'irrite, et, brisant sa barrière,
Va ravager les œillets, les jasmins,
Et des melons la couche printanière.
Telle est Genève : elle ne peut souffrir
Qu'un médecin prétende la guérir;
Chacun s'émeut, et tous donnent au diable
Le grand Tronchin avec sa mine affable.
Du genre humain voilà le sort fatal;
Nous buvons tous dans une coupe amère
Le jus du fruit que mangea notre mère:
Et du bien même il naît encor du mal.
Lui, d'un pas grave et d'une marche lente,
Laisse gronder la troupe turbulente,
Monte en carrosse, et s'en va dans Paris
Prendre son rang parmi les beaux esprits.

Genève alors est en proie au tumulte,
A la menace, à la crainte, à l'insulte,
Tous contre tous, Bitet contre Bitet;
Chacun écrit, chacun fait un projet;

On représente, et puis on représente ;
A penser creux tout bourgeois se tourmente ;
Un prédicant donne à l'autre un soufflet ;
Comme la horde à Moïse attachée
Vit autrefois, à son très-grand regret,
Sédékias, prophète peu discret,
Qui souffletait le prophète Michée.

    Quand le soleil, sur la fin d'un beau jour,
De ses rayons dore encor nos rivages,
Que Philomèle enchante nos bocages,
Que tout respire et la paix et l'amour,
Nul ne prévoit qu'il viendra des orages.
D'où partent-ils ? dans quels antres profonds
Étaient cachés les fougueux aquilons ?
Où dormaient-ils ? quelle main sur nos têtes
Dans le repos retenait les tempêtes ?
Quel noir démon soudain trouble les airs ?
Quel bras terrible a soulevé les mers ?
On n'en sait rien. Les savants ont beau dire
Et beau rêver, leurs systèmes font rire :
Ainsi Genève, en ces jours pleins d'effroi,
Était en guerre, et sans savoir pourquoi.

    Près d'une église à Pierre consacrée,
Très-sale église, et de Pierre abhorrée,
Sur un vieux mur est un vieux monument,
Reste maudit d'une déesse antique,
Du paganisme ouvrage fantastique,
Dont les enfers animaient les accents,
Lorsque la terre était sans prédicants.

    Dieu quelquefois permet qu'à cette idole
L'esprit malin prête encor sa parole.
Les Genevois consultent ce démon,

Quand par malheur ils n'ont point de sermon.
Ce diable antique est nommé l'Inconstance ;
Elle a toujours confondu la prudence.
Une girouette exposée à tout vent
Est à la fois son trône et son emblème ;
Cent papillons forment son diadème.
Par son pouvoir magique et décevant
Il envoya Charles-Quint au couvent,
Jules second aux travaux de la guerre ;
Fit Amédée et moine, et pape, et rien ;
Bonneval Turc, et Makarti chrétien.
Elle est fêtée en France, en Angleterre.
Contre l'ennui son charme est un secours.
Elle a, dit-on, gouverné les amours :
S'il est ainsi, c'est gouverner la terre.
Monsieur Rillet, dont l'esprit est vanté,
Est fort dévot à cette déité ;
Il est profond dans l'art de l'ergotisme ;
En quatre parts il vous coupe un sophisme,
Prouve et réfute, et rit, d'un ris malin,
De saint Thomas, de Paul et de Calvin.
Il ne fait pas grand usage des filles,
Mais il les aime ; il trouve toujours bon
Que du plaisir on leur donne leçon ;
Quand elles sont honnêtes et gentilles,
Permet qu'on change et de fille et d'amant,
De vins, de mode et de gouvernement.
    Amis, dit-il, alors que nos pensées
Sont au droit sens tout-à-fait opposées,
Il est certain, par le raisonnement,
Que le contraire est un bon jugement :
Et qui s'obstine à suivre ses visées,

Toujours du but s'écarte ouvertement.
Pour être sage il faut être inconstant.
Qui toujours change, une fois au moins trouve
Ce qu'il cherchait, et la raison l'approuve.
A ma déesse allez offrir vos vœux.
Changez toujours, et vous serez heureux.
   Ce beau discours plut fort à la commune.
Si les Romains adoraient la Fortune,
Disait Rillet, on peut avec honneur
Prier aussi l'Inconstance sa sœur.
Un peuple entier suit avec allégresse
Rillet qui vole aux pieds de sa déesse.
On s'agenouille, on tourne à son autel.
La déité, tournant comme eux sans cesse,
Dicte en ces mots son arrêt solennel :
   « Robert Covelle, allez trouver Jean-Jacques,
« Mon favori, qui devers Neuchâtel,
« Par passe-temps, fait aujourd'hui ses pâques.
« C'est le soutien de mon culte éternel.
« Toujours il tourne, et jamais ne rencontre;
« Il vous soutient et le pour et le contre
« Avec un front de pudeur dépouillé.
« Cet étourdi souvent a barbouillé
« De plats romans, de fades comédies,
« Des opéras, de minces mélodies;
« Puis il condamne, en style entortillé,
« Les opéras, les romans, les spectacles.
« Il vous dira qu'il n'est point de miracles;
« Mais qu'à Venise il en a fait jadis.
« Il se connaît finement en amis;
« Il les embrasse et pour jamais les quitte.
« L'ingratitude est son premier mérite.

« Par grandeur d'âme, il hait ses bienfaiteurs ;

« Versez sur lui les plus nobles faveurs,

« Il frémira qu'un homme ait la puissance,

« La volonté, la coupable impudence

« De l'avilir en lui faisant du bien.

« Il tient beaucoup du naturel d'un chien :

« Il jappe et fuit, et mord qui le caresse.

  « Ce qui surtout me plait et m'intéresse,

« C'est que de secte il a changé trois fois,

« En peu de temps, pour faire un meilleur choix.

« Allez, volez, Catherine, Covelle,

« Dans votre guerre engagez mon héros,

« Et qu'il y trouve une gloire nouvelle ;

« Le dieu du lac vous attend sur ses flots.

« En vain mon sort est d'aimer les tempêtes :

« Puisse Borée, enchaîné sur vos têtes,

« Abandonner au souffle des zéphyrs

« Et votre barque et vos charmants plaisirs !

« Soyez toujours amoureux et fidèles,

« Et jouissants. C'est sans doute un souhait

« Que jusqu'ici je n'avais jamais fait.

« Je ne voulais que des amours nouvelles :

« Mais, ma nature étant le changement,

« Pour votre bien je change en ce moment.

« Je veux enfin qu'il soit dans mon empire

« Un couple heureux sans infidélité,

« Qui toujours aime et qui toujours désire.

« On l'ira voir un jour par rareté.

« Je veux donner, moi qui suis l'inconstance,

« Ce rare exemple ; il est sans conséquence,

« J'empêcherai qu'il ne soit imité.

« Je suis vrai pape, et je donne dispense,

« Sans déroger à ma légèreté.

« Ne doutez point de ma divinité :

« Mon vatican, mon église est en France. »

Disant ces mots, la déesse bénit

Les deux amants, et le peuple applaudit.

A cet oracle, à cette voix divine,

Le beau Robert, la belle Catherine,

Vers la girouette avancèrent tous deux,

En se donnant des baisers amoureux :

Leur tendre flamme en était augmentée ;

Et la girouette, un moment arrêtée,

Ne tourna point, et se fixa pour eux.

Les deux amants sont prêts pour le voyage.

Un peuple entier les conduit au rivage ;

Le vaisseau part. Zéphyre et les amours

Sont à la poupe, et dirigent son cours,

Enflent la voile, et d'un battement d'aile

Vont caressant Catherine et Covelle.

Tels, en allant se coucher à Paphos,

Mars et Vénus ont vogué sur les flots ;

Telle Amphitrite et le puissant Nérée

Ont fait l'amour sur la mer azurée.

Les bons bourgeois, au rivage assemblés,

Suivaient de l'œil ce couple si fidèle :

On n'entendait que les cris redoublés

De liberté, de Catin, de Covelle.

Parmi la foule il était un savant

Qui sur ce cas rêvait profondément,

Et qui tirait un fort mauvais présage

De ce tumulte et de ce beau voyage.

Messieurs, dit-il, je suis vieux, et j'ai vu

Dans ce pays bon nombre de sottises :

Je fus soldat, prédicant et cocu ;
Je fus témoin des plus terribles crises :
Mon bisaïeul a vu mourir Calvin.
J'aime Covelle, et surtout sa Catin ;
Elle est charmante, et je sais qu'elle brille
Par son esprit comme par ses attraits.
Mais, croyez moi, si vous aimez la paix,
Allez souper avec madame Oudrille.

   Notre savant, ayant ainsi parlé,
Fut du public impudemment sifflé.
Il n'en tint compte. Il répétait sans cesse
Madame Oudrille.... on l'entoure, on le presse :
Chacun riait des discours du barbon ;
Et cependant lui seul avait raison.

FIN DU SECOND CHANT.

CHANT TROISIÈME.

———

Quand sur le dos de ce lac argenté
Le beau Robert et sa tendre maitresse
Voguaient en paix, et savouraient l'ivresse;
Des doux désirs et de la volupté ;
Quand le Sylvain, la Dryade attentive,
D'un pas léger accouraient sur la rive;
Lorsque Protée et les Nymphes de l'eau
Nageaient en foule autour de leur bateau;
Lorsque Triton caressait la Naïade,
Que devenait ce Jean-Jacques Rousseau
Chez qui Robert allait en ambassad ?
    Dans un vallon fort bien nommé *Travers*
S'élève un mont, vrai séjour des hivers :
Son front altier se perd dans les nuages;
Ses fondements sont au cieux des enfers.
Au pied du mont sont des antres sauvages,
Du dieu du jour ignorés à jamais;
C'est de Rousseau le digne et noir palais.
Là se tapit ce sombre énergumène,
Cet ennemi de la nature humaine,
Pétri d'orgueil et dévoré de fiel;
Il fuit le monde, et craint de voir le ciel.
Et cependant sa triste et vilaine âme
Du dieu d'Amour a ressenti la flamme.
Il a trouvé, pour charmer son ennui,
Une beauté digne en effet de lui.

Poëmes.   19

C'était Caron amoureux de Mégère.
Une infernale et hideuse sorcière
Suit en tous lieux le magot ambulant,
Comme la chouette est jointe au chat-huant.
L'infâme vieille avait pour nom Vachine;
C'est sa Circé, sa Didon, son Alcine.
L'aversion pour la terre et les cieux
Tient lieu d'amour à ce couple odieux.
Si quelquefois, dans leurs ardeurs secrètes,
Leurs os pointus joignent leurs deux squelettes,
Dans leurs transports ils se pâment soudain
Du seul plaisir de nuire au genre humain.

    Notre Euménide avait alors en tête
De diriger la foudre et la tempête
Devers Genève. Ainsi l'on vit Junon,
Du haut des airs terrible et forcenée,
Persécuter les restes d'Ilion,
Et foudroyer les compagnons d'Enée.
Le roux Rousseau, renversé sur le sein,
Le sein pendant de l'infernale amie,
L'encourageait dans le noble dessein
De submerger sa petite patrie;
Il détestait sa ville de Calvin,
Hélas! pourquoi? c'est qu'il l'avait chérie.

    Aux cris aigus de l'horrible harpie,
Déjà Borée, entouré de glaçons,
Est accouru du pays des Lapons.
Les aquilons arrivent de Scythie;
Les gnomes noirs, dans la terre enfermés,
Où se pétrit le bitume et le soufre,
Font exhaler du profond de leur gouffre
Des feux nouveaux dans l'enfer allumés.

L'air s'en émeut, les Alpes en mugissent ;
Les vents, la grêle et la foudre s'unissent,
Le jour s'enfuit ; le Rhône, épouvanté,
Vers Saint-Maurice est déjà remonté.
Le lac au loin vomit de ses abimes
Des flots d'écume élancés dans les airs ;
De cent débris ses deux bords sont couverts.
Des vieux sapins les ondoyantes cimes
Dans leurs rameaux engouffrent tous les vents ;
Et de leur chute écrasent les passants :
Un foudre tombe, un autre se rallume.
Du feu du ciel on connait la coutume ;
Il va frapper les arides rochers,
Ou le métal branlant dans les clochers.
Car c'est toujours sur les murs de l'Église
Qu'il est tombé, tant Dieu la favorise !
Tant il prend soin d'éprouver ses élus !
    Les deux amants, au gré des flots émus,
Sont transportés au séjour du tonnerre,
Au fond du lac, aux rochers, à la terre,
De tous côtés entourés de la mort.
Aucun des deux ne pensait à son sort.
Covelle craint, mais c'était pour sa belle ;
Catin s'oublie, et tremble pour Covelle.
Robert disait aux Zéphyrs, aux Amours,
Qui conduisaient la barque tournoyante :
Dieu des amants, secourez mon amante ;
Aidez Robert à sauver ses beaux jours ;
Pompez cette eau, bouchez-moi cette fente.
A l'aide ! à l'aide ! Et la troupe charmante
Le secondait de ses doigts enfantins,
Par des efforts douloureux et trop vains.

L'affreux Borée a chassé le Zéphyre :
Un aquilon prend en flanc le navire,
Brise la voile, et casse les deux mâts ;
Le timon cède et s'envole en éclats ;
La quille saute, et la barque s'entr'ouvre ;
L'onde écumante en un moment la couvre.

La tendre amante, étendant ses beaux bras,
Et s'élançant vers son héros fidèle,
Disait : Cher Co..... L'onde ne permit pas
Qu'elle achevât le beau nom de Covelle.
Le flot l'emporte, et l'h   eur de la nuit
Dérobe aux yeux Catherine expirante.
Mais la clarté terrible et renaissante
De cent éclairs, dont le feu passe et fuit,
Montre bientôt Catherine flottante,
Jouet des vents, des flots et du trépas.
Robert voyait ses malheureux appas,
Ces yeux éteints, ces bras, ces cuisses rondes,
Ce sein d'albâtre à la merci des ondes :
Il la saisit, et d'un bras vigoureux,
D'un fort jarret, d'une large poitrine,
Brave les vents, fend les flots écumeux,
Tire après lui la tendre Catherine,
Pousse, s'avance, et, cent fois repoussé,
Plongé dans l'onde, et jamais renversé,
Perdant sa force, animant son courage,
Vainqueur des flots, il aborde au rivage.

Alors il tombe épuisé de l'effort.
Les habitants de ce malheureux bord
Sont fort humains, quoique peu sociables,
Aiment l'argent autant qu'aucun chrétien ;
En gagnent peu, mais sont fort charitables

Aux étrangers, quand il n'en coûte rien.
Aux deux amants une troupe s'avance.
Bonnet accourt, Bonnet le médecin,
De qui Lausanne admire la science ;
De son grand art il connaît tout le fin.
Aux impotents il prescrit l'exercice ;
D'après Haller, il décide qu'en Suisse
Qui but trop d'eau doit guérir par le vin.
A ce seul mot Covelle se réveille ;
Avec Bonnet il vide une bouteille,
Et puis une autre : il reprend son teint frais ?
Il est plus leste et plus beau que jamais.
Mais Catherine, hélas ! ne pouvait boire.
De son amant les soins sont superflus :
Bonnet prétend qu'elle a bu l'onde noire.
Robert disait : Qui ne boit point n'est plus.
Lors il se pâme, il revient, il s'écrie,
Fait retentir les airs de ses clameurs,
Se pâme encor sur la nymphe chérie,
S'étend sur elle, et, la baignant de pleurs,
Par cent baisers croit la rendre à la vie.
Il pense même en cet objet charmant
Sentir encore un peu de mouvement.
A cet espoir en vain il s'abandonne !
Rien ne répond à ses brûlants efforts.
Ah ! dit Bonnet, je crois, Dieu me pardonne,
Si les baisers n'animent point les morts,
Qu'on n'a jamais ressuscité personne.
Covelle dit : Hélas ! s'il est ainsi,
C'en est donc fait ! je vais mourir aussi.
Puis il retombe, et la nuit éternelle
Semblait couvrir le beau front de Covelle.

Dans ce moment, du fond des antres creux,
Venait Rousseau suivi de son Armide,
Pour contempler le ravage homicide
Qu'ils excitaient sur ces bords malheureux.
  t voit Robert qui, penché sur l'arène,
Baisait encor les genoux de sa reine,
Roulait des yeux et lui serrait la main.
Que fais-tu là ? lui cria-t-il soudain.
Ce que je fais ? mon ami, je suis ivre
De désespoir et c très-mauvais vin.
Catin n'est plu s, ai le malheur de vivre;
J'en suis honteux : adieu, je vais la suivre.
    Rousseau réplique : As-tu perdu l'esprit ?
As-tu le cœur si lâche et si petit ?
Aurais-tu bien cette faiblesse infâme
De t'abaisser à pleurer une femme ?
Sois sage enfin : le sage est sans pitié;
Il n'est jamais séduit par l'amitié ;
Tranquille et dur en son orgueil suprême,
Vivant pour soi, sans besoin, sans désir,
Semblable à Dieu, concentré dans lui-même,
Dans son mérite il met tout son plaisir.
J'ai quelquefois festoyé ma sorcière :
Mais si le ciel terminait sa carrière,
Je la verrais mourir à mes côtés
Des dons cuisants qui nous ont infectés,
Sur un fumier rendant son âme au diable,
Que ma vertu paisible, inaltérable,
Me défendrait de m'écarter d'un pas
Pour la sauver des portes du trépas.
D'un vrai Rousseau tel est le caractère ;
Il n'est ami, parent, époux, ni père;

Il est de roche, et quiconque, en un mot,
Naquit sensible, est fait pour être un sot.
Ah! dit Robert, cette grande doctrine
A bien du bon, mais elle est trop divine :
Je ne suis qu'homme, et j'ose déclarer
Que j'aime fort toute humaine faiblesse :
Pardonnez-moi la pitié, la tendresse,
Et laissez-moi la douceur de pleurer.
Comme il parlait, passait sur cette terre,
En berlingot, certain pair d'Angleterre,
Qui voyageait, tout excédé d'ennui,
Uniquement pour sortir de chez lui;
Lequel avait, pour charmer sa tristesse,
Trois chiens courants, du punch et sa maîtresse.
Dans le pays on connaissait son nom
Et tous ses chiens; c'est milord Abington.
    Il aperçoit une foule éperdue,
Une beauté sur le sable étendue,
Covelle en pleurs, et des verres cassés.
Que fait-on là? dit-il à la cohue.
On meurt, milord, et les gens empressés
Portaient déjà les quatre ais d'une bière,
Et deux manants fouillaient le cimetière.
Bonnet disait : Notre art n'est que trop vain :
On a tenté des baisers et du vin;
Rien n'a passé. Cette pauvre bourgeoise
A fait son temps; qu'on l'enterre, et buvons.
Milord reprit : Est-elle Genevoise?
Oui, dit Covelle. — Eh bien! nous le verrons.
Il saute en bas, il écarte la troupe
Qui fait un cercle en lui pressant la croupe,
Marche à la belle, et lui met dans la main

Un gros bourson de cent livres sterling.
La belle serre, et soudain ressuscite.
On bat des mains; Bonnet n'a jamais su
Ce beau secret. La gaupe décrépite
Dit qu'en enfer il était inconnu.
Rousseau convient que, malgré ses prestiges,
Il n'a jamais fait de pareils prodiges.
Milord sourit. Covelle, transporté,
Croit que c'est lui qu'on a ressuscité.
Puis en dansant ils s'en vont à la ville
Pour s'amuser de la guerre civile.

FIN DU TROISIÈME CHANT.

CHANT QUATRIÈME.

———

Nos voyageurs devisaient en chemin;
Ils se flattaient d'obtenir du destin
Ce que leur cœur aveuglément désire,
Bonnet de boire, et Jean-Jacques d'écrire;
Catin d'aimer; la vieille de médire;
Robert de vaincre, et d'aller à grands pas
Du lit à table, et de table aux combats.
Tout caractère en causant se déploie.
Milord disait : Dans ces remparts sacrés
Avant-hier les Français sont entrés;
Nous nous battrons, c'est là toute ma joie :
Mes chiens et moi nous suivrons cette proie.
J'aurai contre eux mes fusils à deux coups;
Pour un Anglais c'est un plaisir bien doux.
Des Genevois je conduirai l'armée.
Comme il parlait, passa la Renommée :
Elle portait trois cornets à bouquin,
L'un pour le faux, l'autre pour l'incertain,
Et le dernier, que l'on entend à peine,
Est pour le vrai, que la nature humaine
Chercha toujours et ne connut jamais.
La belle aussi se servait de sifflets.
Son écuyer, l'astrologue de Liège,
De son chapitre obtint le privilège
D'accompagner l'errante déité;
Et le Mensonge était à son côté.

Entre eux marchait le Vieux à tête chauve,
Avec son sable et sa fatale faux.
Auprès de lui la vérité se sauve.
L'âge et la peine avaient courbé son dos ;
Il étendait ses deux pesantes ailes ;
La Vérité, qu'on néglige ou qu'on fuit,
Qu'on aime en vain, qu'on masque ou qu'on poursuit,
En gémissant, se blotissait sous elles.
La Renommée à peine la voyait,
Et tout courant devant elle avançait.
Hé bien, madame ! avez-vous des nouvelles ?
Dit Abington : « J'en ai beaucoup, milord ;
« Déjà Genève est le champ de la mort.
« J'ai vu de Luc, plein d'esprit et d'audace,
« Dans le combat animer le bourgeois.
« J'ai vu tomber au seul son de sa voix
« Quatre syndics étendus sur la place.
« Verne est en casque, et Vernet en cuirasse ;
« L'encre et le sang dégouttent de leurs doigts.
« Ils ont prêché la discorde cruelle
« Différemment, mais avec même zèle.
« Tels autrefois, dans les murs de Paris,
« Des moines blancs, noirs, minimes et gris,
« Portant mousquet, carabine, rondelle,
« Encourageaient tout un peuple fidèle
« A débusquer le plus grand des Henris,
« Aimé de Mars, aimé de Gabrielle,
« Héros charmant, plus héros que Covelle.
« Bèze et Calvin sortent de leurs tombeaux :
« Leur voix terrible épouvante les sots ;
« Ils ont crié d'une voix de tonnerre :
« *Persécutez*, c'est là leur cri de guerre.

« Satan, Mégère, Astaroth, Alecton,
« Sur les remparts ont pointé le canon.
« Il va tirer, je crois déjà l'entendre.
« L'église tombe, et Genève est en cendre. »
    Bon! dit la vieille; allons, doublons le pas.
Exaucez-nous, puissant Dieu des combats!
Dieu Sabaoth, de Jacob et de Bèze!
Tout va périr; je ne me sens pas d'aise.
    Enfin la troupe est aux remparts sacrés,
Remparts chétifs et très-mal réparés.
Elle entre, observe, avance, fait sa ronde.
Tout respirait la paix la plus profonde.
Au lieu du bruit des foudroyants canons,
On entendait celui des violons;
Chacun dansait. On voit, pour tout carnage,
Pigeons, poulets, dindons et grianneaux;
Trois cents perdrix à pieds de cardinaux
Chez les traiteurs étalent leur plumage.
    Milord s'étonne, il court au cabaret:
A peine il entre, une actrice jolie
Vient l'aborder d'un air tendre et discret,
Et l'inviter à voir la comédie.
O juste ciel! qu'est-ce donc qui s'est fait?
Quel changement! Alors notre Zaïre
Au doux parler, au gracieux sourire,
Lorgna milord et dit ces propres mots:
Ignorez-vous que tout est en repos?
Ignorez-vous qu'un Mécène de France,
Ministre heureux et de guerre et de paix,
Jusqu'en ces lieux a versé ses bienfaits?
S'il faut qu'on prêche, il faut aussi qu'on danse.
Il nous envoie un brave chevalier

Ange de paix comme vaillant guerrier;
Qu'il soit béni! grâce à son caducée,
Par les plaisirs la discorde est chassée.
Le vieux Vernet sous son vieux manteau noir
Cache en tremblant sa mine embarrassée:
Et nous donnons le Tartuffe ce soir.
Tartuffe! allons, je vole à cette pièce,
Lui dit milord : j'ai haï de tout temps
De ces croquants la détestable espèce;
Égayons-nous ce soir à leurs dépens.
Allons, Bonnet, Covelle et Catherine;
Et vous aussi, vous Jean-Jacque et Vachine,
Buvons dix coups, mangeons vite, et courons
Rire à Molière et siffler les fripons.
A ce discours, enfant de l'allégresse,
Rousseau restait morne, pâle et pensif;
Son vilain front fut voilé de tristesse.
D'un vieux caissier l'héritier présomptif
N'est pas plus sot alors qu'on lui vient dire
Que le bon homme en réchappe et respire.
Rousseau, poussé par son maudit démon,
S'en va trouver le prédicant Brognon.
Dans un réduit à l'écart il le tire,
Grince les dents, se recueille et soupire.
Puis il lui dit : « Vous êtes un fripon;
« Je sens pour vous une haine implacable;
« Vous m'abhorrez, vous me donnez au diable;
« Mais nos dangers doivent nous réunir.
« Tout est perdu ! Genève a du plaisir.
« C'est pour nous deux le coup le plus terrible;
« Vernet surtout y sera bien sensible.
« Les charlatans sont donc bernés tout net!

« Ce soir Tartuffe, et demain Mahomet !

« Après-demain l'on nous joûra de même.

« Des Genevois on adoucit les mœurs ;

« On les polit, ils deviendront meilleurs.

« On s'aimera ! Souffrirons-nous qu'on s'aime ?

« Allons brûler le théâtre à l'instant.

« Un chevalier, ambassadeur de France,

« Vient d'ériger cet affreux monument,

« Séjour de paix, de joie et d'innocence :

« Qu'il soit détruit jusqu'en son fondement.

« Ayons tous deux la vertu d'Érostrate ;

« Ainsi que lui méritons un grand nom.

« Vous connaissez la noble ambition.

« Le grand vous plaît et la gloire vous flatte :

« Prenons ce soir en secret un brandon.

« En vain les sots diront que c'est un crime ;

« Dans ce bas monde il n'est ni bien ni mal.

« Aux vrais savants tout doit sembler égal.

« Bâtir est beau, mais détruire est sublime.

« Brûlons théâtre, actrice, acteur, souffleur,

« Et spectateur, et notre ambassadeur. »

    Le lourd Brognon crut entendre un prophète,

Crut contempler l'ange exterminateur

Qui fait sonner sa fatale trompette

Au dernier jour, au grand jour du Seigneur.

    Pour accomplir ce projet de détruire,

Pour réussir, Vachine doit s'armer ;

Sans toi, Bacchus, peut-on chanter et rire ?

Sans toi, Vénus, peut-on savoir aimer ?

Sans toi, Vachine, on n'est pas sûr de nuire.

Vachine prend (je ne puis décemment

Dire en quel lieu, mais le lecteur m'entend)

Un tas pourri de brochures nouvelles,
Vers de Le Brun morts aussitôt que nés,
Longs mandements dans le Puy confinés,
Tacite orné par le sieur La Blétrie,
D'un style neuf et d'un mélange heureux
De pédantisme et de galanterie;
Journal chrétien, madrigaux amoureux,
De Chiniac les écrits plagiaires,
Du droit canon quarante commentaires.
Tout ce fatras fut du chanvre en son temps;
Linge il devint par l'art des tisserands;
Puis en lambeaux des pilons le pressèrent;
Il fut papier. Cent cerveaux à l'envers
De visions à l'envi le chargèrent;
Puis on le brûle : il vole dans les airs,
Il est fumée aussi-bien que la gloire.
De nos travaux voilà quelle est l'histoire :
Tout est fumée, et tout nous fait sentir
Ce grand néant qui doit nous engloutir.

Les trois méchants ont posé cette étoupe
Sous le foyer où s'assemble la troupe;
La mèche prend. Ils regardent de loin
L'heureux effet qui suit leur noble soin,
Clignant les yeux, et tremblant qu'on ne voie
Leurs fronts plissés se dérider de joie.
Déjà la flamme a surmonté les toits,
Les toits pourris, séjour de tant de rois;
Le feu s'étend, le vent le favorise.
Le spectateur, que la flamme poursuit,
Crie au secours, se précipite et fuit :
Jean-Jacques rit; Brognon les exorcise.
Ainsi Calchas et le traître Sinon

S'applaudissaient lorsqu'ils mirent en cendre
Les murs sacrés du superbe Ilion,
Que le dieu Mars, Aphrodite, Apollon,
Virent brûler et ne purent défendre.
Las! que devient le pauvre entrepreneur,
Ce Rosimond plus généreux qu'habile?
A ses dépens il a, pour son malheur,
Fait à grands frais meubler le noble asile
Des doux plaisirs, peu faits pour cette ville.
Un seul moment consume l'attirail .
Du grand César, d'Auguste, d'Orosmane,
Et la toilette où se coiffa Roxane,
Et l'ornement de Rome et du sérail. .
O Rosimond! que devient votre bail?
De tous vos soins quel funeste salaire!
Est-ce à Calvin que vous aurez recours?
Est-ce à l'évêque appelé titulaire?
Hélas! lui-même a besoin de secours.
Ah, malheureux! à qui vouliez-vous plaire?
Vous êtes plaint, mais fort abandonné.
Après vingt ans vous voilà ruiné :
De vos pareils c'est le sort ordinaire.
Qui du public s'est fait le serviteur
Peut se vanter d'avoir un méchant maître.
Soldat, auteur, commentateur, acteur,
Également se repentent peut-être.
Loin du public, heureux dans sa maison
Qui boit en paix, et dort avec Suson!

FIN DU QUATRIÈME CHANT.

CHANT CINQUIÈME.

———

Des prédicants les âmes réjouies
Rendaient à Dieu des grâces infinies
Sincèrement du mal qu'on avait fait.
Le cœur d'un prêtre est toujours satisfait,
Si les plaisirs que son rabat condamne
Sont enlevés au séculier profane.
Qu'arriva-t-il ? le désordre s'accrut
Quand de ces lieux le plaisir disparut.
Mieux qu'un sermon l'aimable comédie
Instruit les gens, les rapproche, les lie :
Voilà pourquoi la Discorde en tout temps
Pour son séjour a choisi les couvents.
Les deux partis, plus fous qu'à l'ordinaire,
S'allaient gourmer, n'ayant plus rien à faire ;
Et tous les soins du ministre de paix
Dans la cité sont perdus désormais.
Mille horlogers, de qui les mains habiles
Savaient guider leurs aiguilles dociles,
D'un acier fin régler les mouvements,
Marquer l'espace et diviser le temps,
Renonçaient tous à leurs travaux utiles.
Le trouble augmente : on ne sait plus enfin
Quelle heure il est dans les murs de Calvin.
On voit leurs mains tristement occupées
A ranimer sur un grès plat et rond
Le fer rouillé de leurs vieilles épées.

Ils vont chargeant de salpêtre et de plomb
De lourds mousquets dégarnis de platine.
Le fer pointu qui tourne à la cuisine,
Et fait tourner les poulets déplumés,
Bientôt se change, aux regards alarmés,
En longue pique, instrument du carnage ;
Et l'ouvrier, contemplant son ouvrage,
Tremble lui-même et recule de peur.

O jours ! ô temps de disette et d'horreur !
Les artisans, dépourvus de salaire,
Nourris de vent, défiant les hasards,
Meurent de faim en attendant que Mars
Les extermine à coups de cimeterre.

Avant ce temps, l'industrie et la paix
Entretenaient une honnête opulence ;
Et le travail, père de l'abondance,
Sur la cité répandait ses bienfaits.
La Pauvreté, sèche, pâle, au teint blême,
Aux longues dents, aux jambes de fuseaux,
Au corps flétri, mal couvert de lambeaux,
Fille du Styx, pire que la Mort même,
De porte en porte allait traînant ses pas.
Monsieur Labat la guette, et n'ouvre pas ;
Et cependant Jean-Jacque et sa sorcière,
Le beau Covelle et sa reine d'amour,
Avec Bonnet buvaient le long du jour
Pour soulager la publique misère.
Au cabaret le bon milord payait :
Des indigents la foule s'y rendait.
Pour s'en défaire, Abington leur jetait
De temps en temps de l'or par les fenêtres ;
Nouveau secret très-peu connu des prêtres.

20.

L'or s'épuisa, le secours dura peu.
Deux fois par jour il faut qu'un mortel mange.
Sous les drapeaux il est beau qu'il se range ;
Mais il faudrait qu'il eût un pot au feu.
C'en était fait : *les seigneurs magnifiques*
Allaient subir le sort des républiques ;
Sort malheureux qui mit Athène aux fers,
Abîma Tyr et les murs de Carthage.
Changea la Grèce en d'horribles déserts,
Des fils de Mars énerva le courage,
Dans des filets prit l'empire romain,
Et quelque temps menaça Saint-Marin.
Hélas ! un jour il faut que tout périsse.
Dieu paternel, sauvez du précipice
Ce pauvre peuple, et reculez sa fin.
Dans le conseil, le doux Paul Galatin
Cède à l'orage, et, navré de tristesse,
Quitte un timon qui branlait dans sa main.
Nécessité fait bien plus que sagesse.
Cramer un jour, ce Cramer dont la presse
A tant gémi sous ma prose et mes vers,
Au magasin déjà rongés des vers ;
Le beau Cramer, qui jamais ne s'empresse
Que de chercher la joie et les festins,
Dont le front chauve est encor cher aux belles,
Acteur brillant dans nos pièces nouvelles ;
Cramer, vous dis-je, aimé des citadins,
Se promenait dans la ville affligée,
Vide d'argent et d'ennuis surchargée.
Dans sa cervelle il cherchait un moyen
De la sauver, et n'imaginait rien.
A la fenêtre il voit madame Oudrille,

Et son époux, et son frère, et sa fille,
Qui chantaient tous des chansons en refrain,
Près d'un buffet garni de Chambertin.
Mon cher Cramer est homme qui se pique
De se connaître en vin plus qu'en musique.
Il entre, il boit, il demeure surpris,
Tout en buvant, de voir de beaux lambris,
Des meubles frais, tout l'air de la richesse.
Je crois, dit-il, non sans quelque allégresse,
Que la fortune enfin vous a compris
Au numéro de ses chers favoris.

L'an dix-sept cent deux six, ou je me trompe,
Vous étiez loin d'étaler cette pompe;
Vous demeuriez dans le fond d'un taudis;
Votre gosier, raclé par la piquette,
Poussait des sons d'une voix bien moins nette.
Pour Dieu, montrez à mes sens ébaudis
Par quel moyen votre fortune est faite.

Madame Oudrille en ces mots répliqua :
« La pauvreté long-temps nous suffoqua,
Quand la discorde était dans la famille.
J'étais brouillée avec monsieur Oudrille,
Monsieur Oudrille avec tous ses parents;
Ma belle-sœur l'était avec ma fille;
Nous plaidions tous, nous mangions du pain bis.
Notre intérêt nous a tous réunis.
Pour être en paix dans son lit comme à table,
Le premier point est d'être raisonnable.
Chacun, cédant un peu de son côté,
Dans la maison mit la prospérité. »
Cramer aimait cette saine doctrine.
D'un trait de feu son esprit s'illumine;

Il se recueille, il fait son pronostic,
Boit, prend congé, puis avise un syndic
Qui disputait, dans la place voisine,
Avec de Luc, et Clavière, et Flournois.
Trois conseillers et quatre bons bourgeois
Auprès de là criaient à pleine tête,
Et se morguaient d'un air très-malhonnête.
Cramer leur dit : Madame Oudrille est prête
A vous donner du meilleur Chambertin.
Montez là-haut : c'est l'arrêt du destin ;
Ce jour pour vous doit être un jour de fête.'
Chacun y court, citadin, conseiller :
Le beau Covelle y monte le premier.
En jupon blanc, sa belle requinquée,
Les cheveux teints d'une poudre musquée,
L'accompagnait et serrait son blondin,
Qui sur le cou lui passait une main.
A leur devant madame Oudrille arrive ;
Sa face est ronde, et sa mine est naïve ;
En la voyant le cœur se réjouit.
Elle conta comment elle s'y prit
Pour radouber sa barque délabrée.
    Tout le conseil entendit la leçon.
Le peuple même écouta la raison.
Les jours sereins de Saturne et de Rhée,
Les temps heureux du beau règne d'Astrée
Dès ce moment renaquirent pour eux :
On rappela les danses et les jeux,
Qu'avait bannis Calvin l'impitoyable ;
Jeux protégés par un ministre aimable,
Jeux détestés de Vernet l'ennuyeux.
Celle qu'on dit de Jupiter la fille,

Mère d'Amour et des plaisirs de paix,
Revint placer son lit à Plainpalais.
Genève fut une grande famille :
Et l'on jura que, si quelque brouillon
Mettait jamais le trouble à la maison,
On l'enverrait devers madame Oudrille.

Le roux Rousseau, de fureur hébété,
Avec sa gaupe errant à l'aventure,
S'enfuit de rage, et fit vite un traité
Contre la paix qu'on venait de conclure.

FIN DU CINQUIÈME CHANT.

LA BASTILLE.

On ce fut donc par un matin, sans faute,
En beau printemps, un jour de Pentecôte;
Qu'un bruit étrange en sursaut m'éveilla.
Un mien valet, qui du soir était ivre :
Maître, dit-il, le Saint-Esprit est là;
C'est lui sans doute, et j'ai lu dans mon livre
Qu'avec vacarme il entre chez les gens.
Et moi de dire alors entre mes dents :
Gentil puiné de l'essence suprême,
Beau Paraclet, soyez le bien venu;
N'êtes-vous pas celui qui fait qu'on aime ?
    En achevant ce discours ingénu,
Je vois paraître au bout de ma ruelle,
Non un pigeon, non une colombelle,
De l'Esprit saint oiseau tendre et fidèle,
Mais vingt corbeaux de rapine affamés,
Monstres crochus que l'enfer a formés :
L'un près de moi s'approche en sycophante;
Un maintien doux, une démarche lente,
Un ton cafard, un compliment flatteur,
Cachent le fiel qui lui ronge le cœur.
    Mon fils, dit-il, la cour sait vos mérites;
On prise fort les bons mots que vous dites,
Vos petits vers, et vos galants écrits;
Et, comme ici tout travail a son prix,
Le roi, mon fils, plein de reconnaissance,
Veut de vos soins vous donner récompense,

Et vous accorde, en dépit des rivaux,
Un logement dans un de ses châteaux.
Les gens de bien qui sont à votre porte
Avec respect vous serviront d'escorte ;
Et moi, mon fils, je viens, de par le roi,
Pour m'acquitter de mon petit emploi.

Trigaud, lui dis-je, à moi point ne s'adresse
Ce beau début ; c'est me jouer d'un tour ;
Je ne suis point rimeur suivant la cour ;
Je ne connais, roi, prince, ni princesse ;
Et si tout bas je forme des souhaits,
C'est que d'iceux ne sois connu jamais.
Je les respecte ; ils sont dieux sur la terre ;
Mais ne les faut de trop près regarder :
Sage mortel doit toujours se garder
De ces gens-là qui portent le tonnerre.
Partant, vilain, retournez vers le roi :
Dites-lui fort que je le remercie
De son logis ; c'est trop d'honneur pour moi ;
Il ne me faut tant de cérémonie :
Je suis content de mon bouge, et les lieux
Dans mon taudis m'ont fait un sort tranquille :
Mes biens sont purs, mon sommeil est facile ;
J'ai le repos, les rois n'ont rien de mieux.

J'eus beau prêcher, et j'eus beau m'en défendre,
Tous ces messieurs, d'un air doux et bénin,
Obligeamment me prirent par la main :
'Allons, mon fils, marchons. Fallut se rendre,
Fallut partir. Je fus bientôt conduit,
En coche clos, vers le royal réduit
Que près Saint-Paul ont vu bâtir nos pères
Par Charles cinq. O gens de bien, mes frères,

Que Dieu vous gard' d'un pareil logement!
J'arrive enfin dans mon appartement.
Certain croquant, avec douce manière,
Du nouveau gite exaltait les beautés,
Perfections, aises, commodités.
Jamais Phébus, dit-il, dans sa carrière,
De ses rayons n'y porta la lumière :
Voyez ces murs de dix pieds d'épaisseur;
Vous y serez avec plus de fraîcheur.
Puis, me faisant admirer la clôture,
Triple la porte et triple la serrure,
Grilles, verroux, barreaux de tout côté;
C'est, me dit-il, pour votre sûreté.

     Midi sonnant, un chaudeau l'on m'apporte;
La chère n'est délicate, ni forte;
De ce beau mets je n'étais point tenté;
Mais on me dit, c'est pour votre santé :
Mangez en paix, ici rien ne vous presse.

     Me voici donc en ce lieu de détresse,
Embastillé, logé fort à l'étroit,
Ne dormant point, buvant chaud, mangeant froid,
Trahi de tous, même de ma maitresse.

     O Marc René, que Caton le censeur
Jadis dans Rome eût pris pour successeur,
O Marc René, de qui la faveur grande
Fait ici-bas tant de gens murmurer,
Vos beaux avis m'ont fait claquemurer;
Que quelque jour le bon Dieu vous le rende.

LA MORT

DE Mlle LE COUVREUR,

CELÉBRE ACTRICE.

1730.

QUE vois-je? quel objet! quoi! ces lèvres charmantes,
Quoi! ces yeux d'où partaient ces flammes éloquentes,
Eprouvent du trépas les livides horreurs!
Muses, Grâces, Amours, dont elle fut l'image,
O mes dieux et les siens, secourez votre ouvrage!
Que vois-je? c'en est fait! je t'embrasse, et tu meurs!
Tu meurs; on sait déjà cette affreuse nouvelle;
Tous les cœurs sont émus de ma douleur mortelle.
J'entends de tous côtés les beaux-arts éperdus
S'écrier en pleurant, Melpomène n'est plus.

     Que direz-vous, race future,
Lorsque vous apprendrez la flétrissante injure
Qu'à ces arts désolés font des hommes cruels?
     Ils privent de la sépulture
Celle qui dans la Grèce aurait eu des autels.
Quand elle était au monde, ils soupiraient pour elle;
Je les ai vus soumis, autour d'elle empressés :
Sitôt qu'elle n'est plus, elle est donc criminelle!
Elle a charmé le monde, et vous l'en punissez!

Non, ces bords désormais ne seront plus profanes : [1]
Ils contiennent ta cendre; et ce triste tombeau,
Honoré par nos chants, consacré par tes mânes,
    Est pour vous un temple nouveau.
Voilà mon Saint-Denis; oui, c'est là que j'adore
Tes talents, ton esprit, tes grâces, tes appas :
Je les aimai vivants, je les encense encore.
    Malgré les horreurs du trépas,
    Malgré l'erreur et les ingrats,
Que seuls de ce tombeau l'opprobre déshonore.
Ah! verrai-je toujours ma faible nation,
Incertaine en ses vœux, flétrir ce qu'elle admire,
Nos mœurs avec nos lois toujours se contredire,
Et le Français volage endormi sous l'empire
    De la superstition?
    Quoi! n'est-ce donc qu'en Angleterre
    Que les mortels osent penser?
O rivale d'Athène, ô Londre! heureuse terre!
Ainsi que les tyrans, vous avez su chasser
Les préjugés honteux qui vous livraient la guerre.
C'est là qu'on sait tout dire et tout récompenser;
Nul art n'est méprisé, tout succès a sa gloire.
Le vainqueur de Tallard, le fils de la Victoire,
Le sublime Dryden, et le sage Addisson,
Et la charmante Ophils, et l'immortel Newton,
    Ont part au temple de Mémoire:
Et Le Couvreur à Londre aurait eu des tombeaux
Parmi les beaux esprits, les rois et les héros.

---

[1] Elle est enterrée sur le bord de la Seine, près du Pont-royal.

Quiconque a des talents à Londre est un grand homme.
    L'abondance et la liberté
Ont, après deux mille ans, chez vous ressuscité
    L'esprit de la Grèce et de Rome.
Des lauriers d'Apollon, dans nos stériles champs,
La feuille négligée est-elle donc flétrie ?
Dieux ! pourquoi mon pays n'est-il plus la patrie
    Et de la gloire et des talents ?

LA POLICE
SOUS LOUIS XIV.[1]

Le grand art de régner est le premier des arts ;
Il ne se borne point aux fatigues de Mars ;
Il n'est point renfermé dans le soin politique
D'abaisser la fierté d'un voisin tyrannique,
Ou d'ébranler l'Europe, ou d'y donner la loi.
Le devoir d'un monarque est de régner chez soi,
D'y former un État redoutable et tranquille,
De rendre heureux son peuple en le rendant docile :
C'est ainsi que Louis sut passer autrefois
Des tentes de Bellone au temple de nos lois.
Il montait sur un trône environné d'abîmes,
De débris, de tombeaux, de meurtres et de crimes,
Au milieu des flambeaux de nos divisions,
Aux cris de la discorde, aux bruits des factions.
Il parut ; il fut sage, et l'État fut paisible.
La Discorde à son joug soumit sa tête horrible,
Et la confusion fit silence à sa voix.
Tout prit un nouveau cours, tout rentra dans ses droits.
Le magistrat fut juste, et l'Église fut sainte ;
Paris vit prospérer, dans son heureuse enceinte,
Des citoyens soumis, au travail assidus,
Qui respectaient les grands et ne les craignaient plus.

---

[1] On croit que cette pièce a concouru pour le prix de
l'académie française.

La règle, avec la paix, sous des abris tranquilles,
Aux arts encouragés assura des asiles.
L'orphelin fut nourri, le vagabond fixé;
Le pauvre, oisif et lâche, au travail fut forcé;
Et l'heureuse industrie, amenant l'abondance,
Appela l'étranger qui méconnut la France:
L'étranger étonné, qui, prompt à s'irriter,
Fut jaloux de Louis et ne put l'imiter.
Ainsi, quand du Très-Haut la parole féconde
Dés horreurs du chaos eut fait naitre le monde,
Il en fixa la borne, il plaça dans leurs rangs
Ces trésors de lumière et ces globes errants;
De l'immense Saturne il ralentit la course;
Fit dans un cercle étroit rouler le char de l'Ourse;
De la Lune à la Terre assura les secours;
Distingua les climats et mesura les jours.
Il dit à l'Océan : Que ton orgueil s'abaisse;
Que l'astre de la nuit te soulève et t'affaisse.
Il dit aux flancs du Nord : Enfantez les autans;
Aux eaux du ciel : Tombez, fertilisez les champs;
Et que, tantôt liquide, et tantôt endurcie,
L'onde revole au ciel en vapeur obscurcie.
Il dit, et tout fut fait. Et, dès ces premiers temps,
Toujours indestructible en ses grands changements,
La nature entretient, à son maitre fidèle,
D'éléments opposés la concorde éternelle.
Si l'on peut comparer aux chefs-d'œuvre divins
Les faibles monuments des efforts des humains,
Sous un roi bienfaisant parcourons cette ville,
Obéissante, heureuse, agissante, tranquille.
Quelle âme incessamment conduit ce vaste corps?
Quelle invisible main préside à ses ressorts?

21.

Quel sage a su plier à nos communs services
Nos besoins, nos plaisirs, nos vertus et nos vices?
Pourquoi ce peuple immense, avec sécurité,
Vit-il sans prévoyance et sans calamité?
L'astre du jour à peine a fini sa carrière,
De cent mille fanaux l'éclatante lumière
Dans ce grand labyrinthe avec ordre me luit;
Et forme un jour de fête au milieu de la nuit.
L'aurore ouvre les cieux; le besoin se réveille,
Il appelle à grands cris le travail qui sommeille;
Vertumne, avec Pomone, apporte au point du jour
Les fruits prématurés, hâtés par leur amour.
Ces rivages pompeux qui resserrent ces ondes
Sont couverts en tout temps des trésors des deux mondes.
Ici l'or qu'on filait s'étend sous le marteau;
La main de l'artisan lui donne un prix nouveau;
La vanité des grands, le luxe, la mollesse,
Nourrissent des petits l'infatigable adresse.
Je vois tous les talents, par l'espoir animés,
Noblement soutenus, sagement réprimés:
L'un de l'autre jaloux, empressés à se nuire,
L'intérêt les fit naître, il pourrait les détruire;
Un sage les modère, et de leurs factions
Fait au bonheur public servir les passions.
Mais ce n'est pas assez qu'un sage soit utile;
Le magistrat français doit penser en édile;
Il doit lever les yeux vers ces nobles Romains
Que le ciel fit en tout l'exemple des humains.
C'était peu de tracer, de leurs mains triomphantes,
Du Tibre au Pont-Euxin ces routes étonnantes;
De transporter les flots des fleuves captivés,
Sur cent arcs triomphaux jusqu'au ciel élevés;

Rome, en grands monuments de tous côtés féconde,
Donna des lois, des arts et des fêtes au monde :
L'univers, enchaîné dans un heureux loisir,
Admira les Romains jusqu'au sein du plaisir.
Paris ne cède point à l'antique Italie ;
Chaque jour nous rassemble au temple du génie,
A ces palais des arts, à ces jeux enchanteurs,
A ces combats d'esprit qui polissent les mœurs :
Pompe digne d'Athène, où tout un peuple abonde,
École des plaisirs, des vertus et du monde.
Plus loin la presse roule, et notre œil étonné
Y voit un plomb mobile en lettres façonné,
Mieux que chez les Chinois, sur des feuilles légères
Tracer en un moment d'immortels caractères.
Protégez tous ces arts, ô vous, soutiens des lois !
Ministres confidents ou précepteurs des rois ;
Méritez que vos noms soient écrits dans l'histoire
Par la main des talents, organes de la gloire.
Colbert et Richelieu, les palmes dans les mains,
De l'immortalité vous montrent les chemins.
Regardez auprès d'eux ce vigilant génie,
Successeur généreux du prudent La Reynie,
A qui Paris doit tout, et qui laisse aujourd'hui,
Pour le bien des Français, deux fils dignes de lui.
Ma voix vous nommerait, vous dont la vigilance
Étend des soins nouveaux sur cette ville immense,
Si vos jours, consacrés au maintien de nos lois,
Vous laissaient un moment pour entendre ma voix ;
J'oserais, emporté par une heureuse ivresse,
De mon roi bienfaisant célébrer la sagesse :
Mais l'éloge est pour lui, malgré son bruit flatteur,
La seule vérité qui déplaise à son cœur.

SUR

LA CAMPAGNE D'ITALIE.

1734.

— — —

Au pied de ces monts redoutables
Où fleurit la nature au milieu des hivers,
Vers ces climats riants, près des rives aimables
Où tous les trésors sont ouverts,
J'ai vu les enfants de la guerre,
Semblables aux torrents qui fondaient avec eux,
A travers les glaçons apporter le tonnerre,
Qu'allumaient dans leurs mains les aquilons fougueux.
De la cour de Louis l'éclatante jeunesse
Part du sein des plaisirs qu'elle aime et qu'elle a fui ;
Voyageurs sans regret, et guerriers sans faiblesse,
Élevés comme Achille, ils volent comme lui,
Des lieux où dans les fleurs les berçait la mollesse,
Au carnage où l'honneur les appelle aujourd'hui.
Le monarque des monts, l'héritier d'Amédée,
Voit naître un camp superbe où s'élève l'appui
Dont sa valeur est secondée.
Quand Mars tonne aux rives du Rhin,
La ligue du vengeur foudroie en Italie
L'aigle impérieux du Germain,
Que Villars confondra, que Berwick humilie.
Villars, couvert de tout l'éclat
Dont brilla jadis sa carrière,
Voit encor les dangers, et franchit la barrière.

Eugène est au conseil, et Villars, au combat,
Sous d'éternels lauriers blanchit sa tête altière,
    Et son triomphe illimité
Met au rang des vaincus l'âge qu'il a dompté.
    Au réveil soudain de la France,
L'Ibère ouvre les yeux, le fer brille, et Madrid
Voit le triple serment que la vengeance écrit
    Sur les drapeaux de l'alliance;
Et l'aigle sur sa proie, où le vainqueur s'élance,
Jette un dernier regard dont l'Europe sourit.
    Déjà, sur ces rives sanglantes,
    On voit ses sujets dépouillés
Échapper en tremblant aux débris foudroyés
    De vingt citadelles brûlantes.
Pizzighitone en feu nous laisse encor des traits
    Dont Milan frappé doit se rendre.
    Tortone et ses rochers en cendre
Sont l'augure éclatant des rapides progrès
    Que Naples a frémi d'entendre,
Et dont pâlit Mantoue au fond de ses marais.
    Rappelé des climats de l'Ourse,
Le Germain n'ira plus, négligeant ses confins,
Soulever l'étranger, et ralentir la course
    D'un roi soutenu par nos mains.
Un peuple, au fond du nord, fameux par ses orages,
    Malheureux par sa liberté,
Des dieux et des Bourbons recueillant les suffrages,
    Donnait les siens à l'équité.
Vienne, pour son idole arrachant des hommages,
S'élève en souveraine et dicte un nouveau choix.
Ses sons tumultueux sont différents des nôtres;
L'art de faire des rois sans en détrôner d'autres

N'est pas connu de tous les rois :
Ces traits, consacrés par la gloire,
Des beaux jours de Louis commencèrent l'histoire :
Combattre, conquérir, et donner des Etats,
Est le triomphe qui le flatte ;
Le moment où son règne éclate
Est le moment qui fait des potentats.

———————

APOLOGIE
DE LA FABLE.

Savante antiquité, beauté toujours nouvelle,
Monuments du génie, heureuses fictions !
 Environnez-moi des rayons
 De votre lumière immortelle;
Vous savez animer l'air, la terre et les mers;
 Vous embellissez l'univers.
Cet arbre à tête longue, aux rameaux toujours verts,
 C'est Atys aimé de Cybèle.
La précoce Hyacinthe est le tendre mignon
Que sur ces prés fleuris caressait Apollon.
Flore, avec le Zéphyr, a peint ces jeunes roses
 De l'éclat de leur vermillon.
Des baisers de Pomone on voit, dans ce vallon,
Les fleurs de mes pêchers nouvellement écloses.
Ces montagnes, ces bois qui bordent l'horizon,
 Sont couverts de métamorphoses.
Ce cerf aux pieds légers, est le jeune Actéon.
Du chantre de la nuit j'entends la voix touchante;
 C'est la fille de Pandion,
 C'est Philomèle gémissante.
Si le soleil se couche, il dort avec Téthys :
Si je vois de Vénus la planète brillante,
C'est Vénus que je vois dans les bras d'Adonis.
Ce pôle me présente Andromède et Persée;
Leurs amours immortels échauffent de leurs feux

Les éternels frimas de la zone glacée.
Tout l'Olympe est peuplé de héros amoureux.
Admirables tableaux ! séduisante magie !
Qu'Hésiode me plait dans sa théogonie,
Quand il me peint l'Amour débrouillant le chaos,
S'élançant dans les airs et planant sur les flots !
Vantez-nous maintenant, bienheureux légendaires,
Le porc de saint Antoine et le chien de saint Roch,
    Vos reliques, vos scapulaires,
Et la guimpe d'Ursule, et la crasse du froc ;
Mettez la fleur des saints à côté d'un Homère :
Il ment, mais en grand homme ; il ment, mais il sait plaire ;
    Sottement vous avez menti.
    Par lui l'esprit humain s'éclaire ;
Et si l'on vous croyait, il serait abruti.
On chérira toujours les erreurs de la Grèce ;
    Toujours Ovide charmera.
Si nos peuples nouveaux sont chrétiens à la messe,
    Ils sont païens à l'Opéra.
L'almanach est païen : nous comptons nos journées
Par le seul nom des dieux que Rome avait connus ;
C'est Mars et Jupiter, c'est Saturne et Vénus
Qui président au temps, qui font nos destinées.
Ce mélange est impur ; on a tort : mais enfin
Nous ressemblons assez à l'abbé Pellegrin,
Le matin catholique, et le soir idolâtre,
Déjeunant de l'autel, et soupant du théâtre.

JEAN
QUI PLEURE ET QUI RIT.

QUELQUEFOIS le matin, quand j'ai mal digéré,
Mon esprit abattu, tristement éclairé,
Contemple avec effroi la funeste peinture
    Des maux dont gémit la nature :
Aux erreurs, aux tourments, le genre humain livré,
Les crimes, les fléaux de cette race impure
    Dont le diable s'est emparé.
Je dis au mont Etna, Pourquoi tant de ravages,
Et ces sources de feu qui sortent de tes flancs ?
Je redemande aux mers tous ces tristes rivages
Disparus autrefois sous leurs flots écumants ;
    Et je dis aux tyrans :
    Vous avez troublé le monde
    Plus que les fureurs de l'onde
    Et les flammes des volcans.
    Enfin, lorsque j'envisage,
    Dans ce malheureux séjour,
    Quel est l'horrible partage
    De tout ce qui voit le jour,
Et que la loi suprême est qu'on souffre et qu'on meure,
    Je pleure.

    Mais, lorsque sur le soir, avec des libertins,
    Et plus d'une femme agréable,
Je mange mes perdreaux, et je bois les bons vins
Dont monsieur d'Aranda vient de garnir ma table ;

Quand loin des fripons et des sots,
La gaité, les chansons, les grâces, les bons mots;
Ornent les entremets d'un souper délectable;
　Quand, sans regretter mes beaux jours,
　J'applaudis aux nouveaux amours
　De Cléon et de sa maîtresse;
　Et que la charmante amitié,
　Seul nœud dont mon cœur est lié,
　Me fait oublier ma vieillesse,
Cent plaisirs renaissants réchauffent mes esprits :
　　Je ris.

　Je vois, quoique de loin, les partis, les cabales,
Qui soufflent dans Paris, vainement agité,
　Des inimitiés infernales,
Et versent leur poison sur la société :
L'infâme calomnie, avec perversité,
　Répand ses ténébreux scandales :
On me parle souvent du Nord ensanglanté;
D'un roi sage et clément chez lui persécuté,
　Qui, dans sa royale demeure,
　N'a pu trouver sa sûreté;
Que ses propres sujets poursuivent à toute heure :
　　Je pleure.

　Mais si monsieur Terrai veut bien me rembourser;
Si mes prés, mes jardins, mes forêts s'embellissent,
　Si mes vassaux se réjouissent,
　Et sous l'orme viennent danser;
　Si parfois, pour me délasser,
Je relis l'Arioste, ou même la Pucelle,
　Toujours catin, toujours fidèle,
Ou quelque autre impudent dont j'aime les écrits :
　　Je ris.

Il le faut avouer, telle est la vie humaine ;
Chacun a son lutin qui toujours le promène
    Des chagrins aux amusements.
De cinq sens, tout au plus, malgré moi je dépends :
L'homme est fait, je le sais, d'une pâte divine ;
Nous serons tous un jour des esprits glorieux ;
Mais dans ce monde-ci l'âme est un peu machine.
      La nature change à nos yeux ;
      Et le plus triste Héraclite,
      Quand ses affaires vont mieux,
      Redevient un Démocrite.

VOYAGE A BERLIN.

A MADAME DENIS.

A Clèves, juillet 1750.

C'est à vous, s'il vous plaît, ma nièce,
Vous femme d'esprit sans travers,
Philosophe de mon espèce,
Vous qui, comme moi, du Permesse
Connaissez les sentiers divers,
C'est à vous qu'en courant j'adresse
Ce fatras de prose et de vers,
Ce récit de mon long voyage,
Non tel que j'en fis autrefois,
Quand, dans la fleur de mon bel âge,
D'Apollon je suivais les lois :
Quand j'osai, trop hardi peut-être,
Aller consulter à Paris,
En dépit de nos beaux esprits,
Le dieu du Goût, mon premier maître.

Ce voyage-ci n'est que trop vrai, et ne m'éloigne que trop de vous. N'allez pas vous imaginer que je veuille égaler Chapelle, qui s'est fait, je ne sais comment, tant de réputation pour avoir été de Paris à Montpellier, et en terre papale, et en avoir rendu compte à un gourmand.

Ce n'était pas peut-être un emploi difficile
De railler monsieur d'Assouci.
Il faut une autre plume, il faut un autre style,
Pour peindre ce Platon, ce Solon, cet Achille
Qui fait des vers à Sans-Souci.
Je pourrais vous parler de ce charmant asile,
Vous peindre ce héros philosophe et guerrier
Si terrible à l'Autriche, et pour moi si facile;
Mais je pourrais vous ennuyer.

D'ailleurs je ne suis pas encore à sa cour, et il ne faut rien anticiper : je veux de l'ordre jusque dans mes lettres. Sachez donc que je partis de Compiègne le 25 de juillet, prenant ma route par la Flandre, et qu'en bon historiographe et en bon citoyen j'allai voir en passant les champs de Fontenoi, de Raucoux, et de Laufelt. Il n'y paraissait pas : tout cela était couvert des plus beaux blés du monde. Les Flamands et les Flamandes dansaient comme si de rien n'eût été.

Durez, jeux innocents de ces peuples grossiers;
Régnez, belle Cérès, où triompha Bellone.
Campagnes qu'engraissa le sang de nos guerriers,
J'aime mieux vos moissons que celle des lauriers :
La vanité les cueille, et le hasard les donne.
O que de grands projets par le sort démentis !
O victoires sans fruit! ô meurtres inutiles !
Français, Anglais, Germains, aujourd'hui si tranquilles,
Fallait-il s'égorger pour être bons amis?

J'ai été à Clèves, comptant y trouver des relais que tous les bailliages fournissent, moyennant un

ordre du roi de Prusse, à ceux qui vont philoso-
pher à Sans-Souci auprès du Salomon du Nord, et
à qui le roi accorde la faveur de voyager à ses dé-
pens : mais l'ordre du roi de Prusse était resté à
Vésel entre les mains d'un homme qui l'a reçu
comme les Espagnols reçoivent les bulles des papes,
avec le plus profond respect et sans en faire aucun
usage. Je me suis donc arrêté quelques jours dans
le château de cette princesse que madame de
La Fayette a rendue si fameuse.

Mais de cette héroïne, et du duc de Nemours,
On ignore en ces lieux la galante aventure :
    Ce n'est pas ici, je vous jure,
Le pays des romans, ni celui des amours.

C'est dommage, car le pays semble fait pour
des princesses de Clèves : c'est le plus beau lieu
de la nature, et l'art a encore ajouté à sa situation.
C'est une vue supérieure à celle de Meudon ; c'est
un terrain planté comme les champs Elysées et le
bois de Boulogne ; c'est une colline couverte d'al-
lées d'arbres en pente douce ; un grand bassin
reçoit les eaux de cette colline ; au milieu du bassin
s'élève une statue de Minerve. L'eau de ce premier
bassin est reçue dans un second, qui la renvoie à
un troisième ; et le bas de la colline est terminé
par une cascade ménagée dans une vaste grotte en
demi-cercle. La cascade laisse tomber les eaux
dans un canal qui va arroser une vaste prairie, et

se joindre à un bras du Rhin. Mademoiselle de
Scudéri et La Calprenède auraient rempli de cette
description un tome de leurs romans : mais moi
historiographe, je vous dirai seulement qu'un cer-
tain prince, Maurice de Nassau, gouverneur de
son vivant de cette belle solitude, y fit presque
toutes ces merveilles. Il s'est fait enterrer au mi-
lieu des bois, dans un grand diable de tombeau
de fer environné de tous les plus vilains bas-re-
liefs du temps de la décadence de l'empire romain,
et de quelques monuments gothiques plus gros-
siers encore. Mais le tout serait quelque chose de
fort respectable pour ces esprits profonds qui
tombent en extase à la vue d'une pierre mal tail-
lée, pour peu qu'elle ait deux mille ans d'anti-
quité.

Un autre monument antique, c'est le reste d'un
grand chemin pavé, construit par les Romains,
qui allait à Francfort, à Vienne et à Constanti-
nople. Le Saint-Empire, dévolu à l'Allemagne,
est un peu déchu de sa magnificence. On s'em-
bourbe aujourd'hui en été dans l'auguste Germa-
nie. De toutes les nations modernes, la France et
le petit pays des Belges sont les seules qui aient
des chemins dignes de l'antiquité. Nous pouvons
surtout nous vanter de passer les anciens Romains
en cabarets; et il y a encore certains points dans
lesquels nous les valons bien : mais enfin pour les
monuments durables, utiles, magnifiques, quel
peuple approche d'eux? quel monarque fait dans

son royaume ce qu'un proconsul faisait dans Nîmes et dans Arles ?

Parfaits dans le petit, sublimes en bijoux,
Grands inventeurs de riens, nous faisons des jaloux.
Élevons nos esprits à la hauteur suprême
    Des fiers enfants de Romulus :
Ils faisaient plus cent fois pour des peuples vaincus
    Que nous ne faisons pour nous-mêmes.

Enfin, malgré la beauté de la situation de Clèves, malgré le chemin des Romains, en dépit d'une tour qu'on prétend bâtie par Jules-César, ou au moins par Germanicus ; en dépit des inscriptions d'une vingt-sixième légion qui était ici en quartier d'hiver ; en dépit des belles allées plantées par le prince Maurice, et de son grand tombeau de fer ; en dépit enfin des eaux minérales découvertes ici depuis peu, il n'y a guère d'affluence à Clèves. Les eaux y sont cependant aussi bonnes que celles de Spa et de Forges, et on ne peut avaler de petits atomes de fer dans un plus beau lieu. Mais il ne suffit pas, comme vous savez, d'avoir du mérite pour avoir la vogue : l'utile et l'agréable sont ici ; mais ce séjour délicieux n'est fréquenté que par quelques Hollandais que le voisinage et le bas prix des vivres et des maisons y attirent, et qui viennent admirer et boire.

J'y ai retrouvé, avec une très-grande satisfaction, un célèbre poëte hollandais qui nous a fait l'honneur de traduire également en batave, et même vers pour vers, nos tragédies bonnes ou mauvaises. Peut-être un jour viendra que nous serons réduits à traduire les tragédies d'Amsterdam : chaque peuple a son tour.

Les dames romaines, qui allaient lorgner leurs amants au théâtre de Pompée, ne se doutaient pas qu'un jour au milieu des Gaules, dans un petit bourg nommé Lutèce, on ferait de meilleures pièces de théâtre qu'à Rome.

L'ordre du roi pour les relais vient enfin de me parvenir; voilà mon enchantement chez la princesse de Clèves fini, et je pars pour Berlin.

A Postdam.

J'ai d'abord passé par Vésel, qui n'est plus ce qu'elle était quand Louis XIV la prit en deux jours, en 1672, sur les Hollandais. Elle appartient aujourd'hui au roi de Prusse, et c'est une des plus fortes places de l'Europe. C'est là qu'on commence à voir de ces belles troupes que Frédéric II forma sans vouloir s'en servir, et que Frédéric le grand a rendues si utiles à ses intérêts et à sa gloire. Le premier coup-d'œil surprend toujours.

D'un regard étonné j'ai vu sur ses remparts
Ces géants court-vêtus, automates de Mars,
Ces mouvements si prompts, ces démarches si fières,
    Ces moustaches, ces grands bonnets,
Ces habits retroussés, montrant de gros derrières
    Que l'ennemi ne vit jamais.

Bientôt après j'ai traversé les vastes et tristes et stériles et détestables campagnes de la Westphalie.

> De l'âge d'or, jadis vanté,
> C'est la plus fidèle peinture ;
> Mais toujours la simplicité
> Ne fait pas la belle nature.

Dans de grandes huttes qu'on appelle maisons, on voit des animaux qu'on appelle hommes, qui vivent le plus cordialement du monde pêle-mêle avec d'autres animaux domestiques. Une certaine pierre dure, noire et gluante, composée, à ce qu'on dit, d'une espèce de seigle, est la nourriture des maîtres de la maison. Qu'on plaigne après cela nos paysans, ou plutôt qu'on ne plaigne personne ; car sous ces cabanes enfumées, et avec cette nourriture détestable, ces hommes des premiers temps sont sains, vigoureux et gais. Ils ont tout juste la mesure d'idées que comporte leur état.

> Ce n'est pas que je les envie ;
> J'aime fort nos lambris dorés :
> Je bénis l'heureuse industrie
> Par qui nous furent préparés
> Cent plaisirs par moi célébrés,
> Frondés par la cagoterie,
> Et par elle encor savourés.
> Mais sur les huttes des sauvages
> La nature épand ses bienfaits ;
> On voit l'empreinte de ses traits
> Dans les moindres de ses ouvrages.

L'oiseau superbe de Junon,
L'animal chez les Juifs immonde,
Ont du plaisir à leur façon ;
Et tout est égal en ce monde.

Si j'étais un vrai voyageur, je vous parlerais du Véser et de l'Elbe, et des campagnes fertiles de Magdebourg, qui étaient autrefois le domaine de plusieurs saints archevêques, et qui se couvrent aujourd'hui des plus belles moissons (à regret sans doute) pour un prince hérétique ; je vous dirais que Magdebourg est presque imprenable ; je vous parlerais de ses belles fortifications, et de sa citadelle construite dans une île entre deux bras de l'Elbe, chacun plus large que la Seine ne l'est vers le Pont-royal. Mais, comme ni vous ni moi n'assiégerons jamais cette ville, je vous jure que je ne vous en parlerai jamais.

Me voici enfin dans Postdam. C'était sous le feu roi la demeure de Pharasmane ; une place d'armes, et point de jardin ; la marche du régiment des gardes pour toute musique ; des revues pour tout spectacle ; la liste des soldats pour bibliothèque. Aujourd'hui c'est le palais d'Auguste, des légions et des beaux esprits, du plaisir et de la gloire, de la magnificence et du goût, etc., etc.

FIN.

TABLE

DES

POËMES ET DISCOURS EN VERS, etc.

CONTENUS DANS CE VOLUME.

FIN DE LA TABLE.

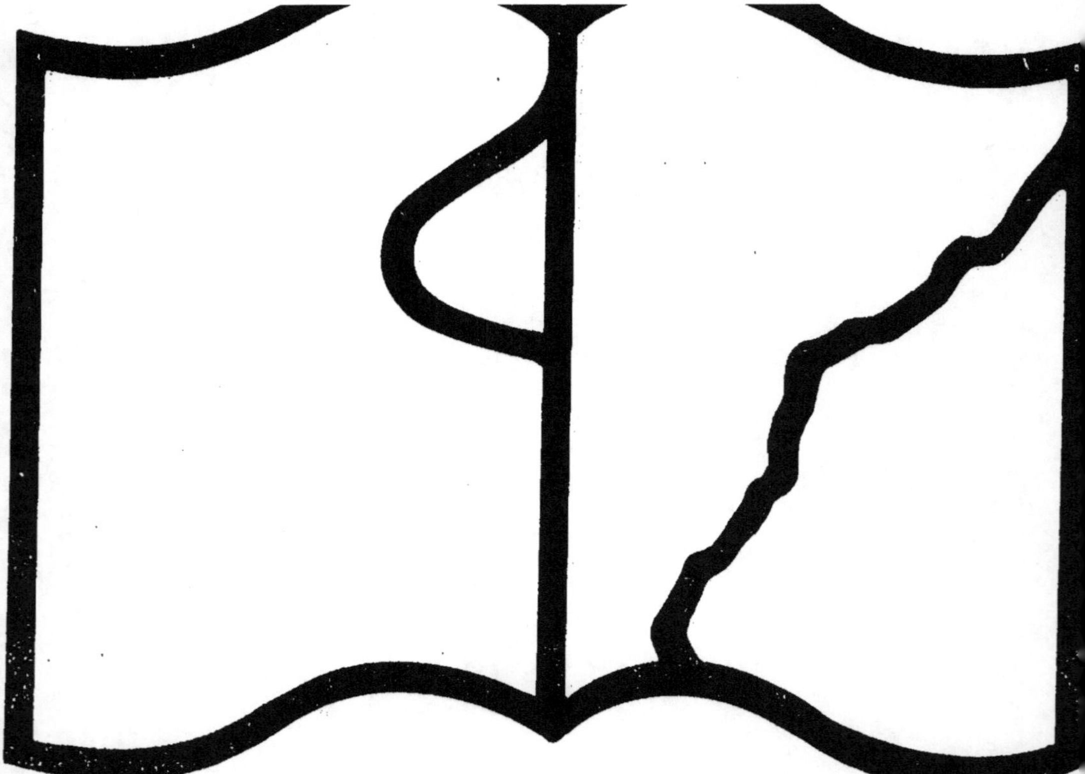

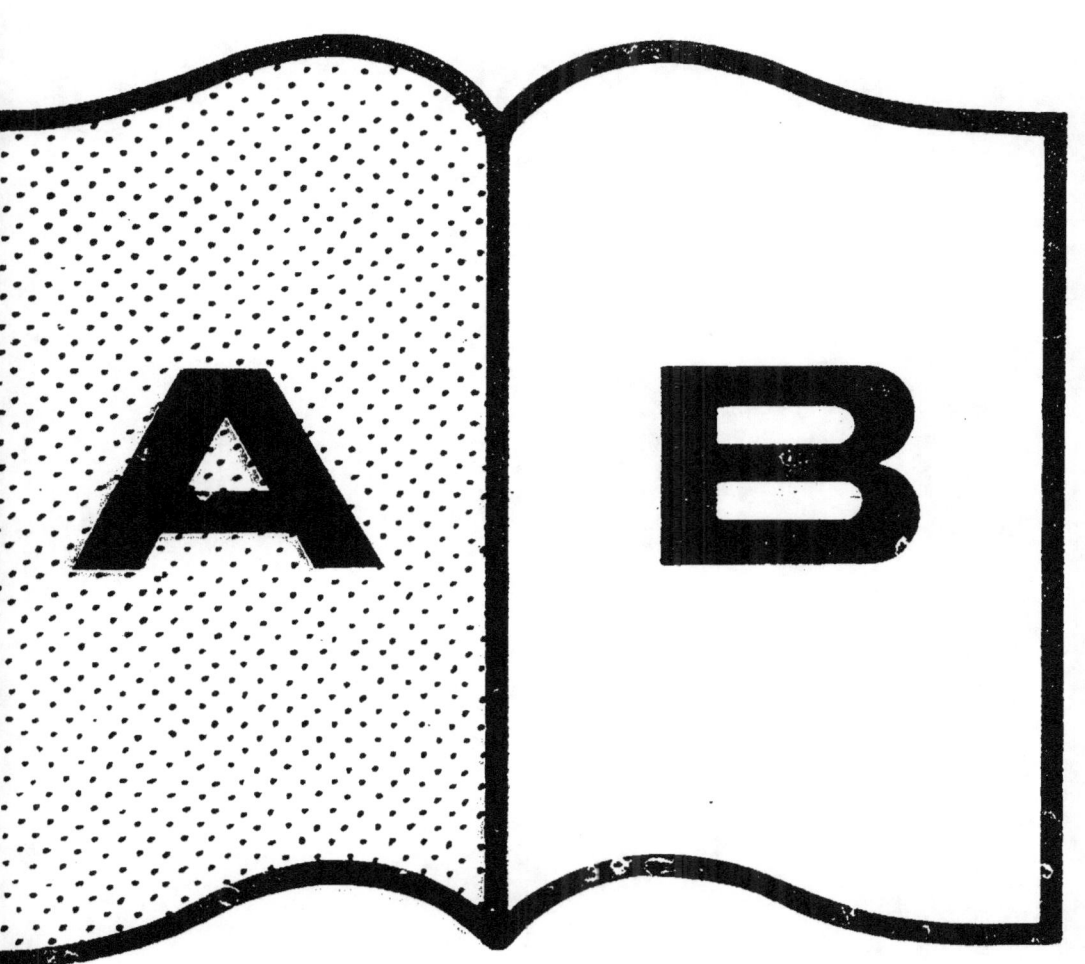